> **"큰딸에 이어서 작은딸도
> 〈바빠 초등 급수 한자〉 시리즈로 한자 공부합니다!"**
>
> – 밤톨엄마 님 –

내 아이 첫 한자 책이라 쉬운 교재를 선택했습니다. 한자의 뜻을 그림으로 잘 표현해 이해하기 쉬워 보입니다. 그래서인지 아이가 처음으로 끝까지 다 푼 교재예요.

woomi211 님

한자를 처음 공부하는 아이도 쉽게 따라갈 수 있도록 구성되어 있습니다. 또한 한자가 사용되는 단어들도 같이 다루어서 어휘를 확장할 수 있어 좋았습니다.

kconfidence 님

급수 한자 공부에 필요한 부분만 있어서 효율적으로 공부할 수 있어요. 그리고 가려진 한자를 쓰는 게 아이들 입장에서 재미도 있고 몰입하게 되는 거 같아요.

라벤더향기 님

이 책을 선택한 가장 큰 이유는 바로 한자 쓰기 비중이 많지 않아서 부담이 없다는 점입니다. 두 번째는 한자 어휘를 읽는 것을 반복해서 훈련시켜 주기 때문에 좋습니다.

clover0311 님

제가 아이에게 한자를 가르치는 이유는 어휘 확장을 위한 건데 다른 교재들은 시험용으로만 나왔더라구요. 이 교재는 한자 어휘 학습이 많다보니 시험 준비 뿐 아니라 어휘력까지 키울 수 있어 만족스럽습니다.

mye 님

남자아이라 한자 쓰기 칸이 많으면 시작하기도 전에 질려 버리는 경향이 있는데 이 교재는 한자 쓰는 칸이 적당한 것 같아요. 바쁜 초등학생을 위한 한자 교재라 그런지 구성이 단순하면서도 한자 공부에 필요한 내용이 모두 들어 있어서 만족합니다.

매일매일소중해 님

한 번 봐도 두 번 외운 효과! 두뇌 자극 급수 한자 책

바빠 초등 7급 한자

한자는 모든 공부의 바탕입니다.

교과서에 나오는 단어의 90% 이상이 한자어입니다. 수학 교과서에는 '시각'과 '시간'이 나옵니다. '시각(時刻)'의 '각'은 '새길 각'이므로 시간을 한 지점을 새겨 표시하듯 시간의 어느 한 지점을 나타냅니다. 반면, '시간(時間)'의 '간'은 '사이 간'이므로 시각과 시각의 사이라는 것을 알 수 있습니다. 그래서 '쉬는 시간이 끝나는 시각은 10시'와 같이 올바른 용어를 사용할 수 있습니다. 이처럼 한자를 익히면 학습 용어를 정확하고 쉽게 이해할 수 있습니다.

급수 시험은 한자 공부에 집중할 수 있는 좋은 계기가 됩니다.

학습의 바탕이 되는 이 한자를 학교에서는 정규 수업으로 가르치지 않습니다. 한자 공부를 어디부터 시작해야 할지 막연하다면 한자 급수 시험을 준비해 보세요. 목표를 정하면 짧은 시간에 효과적으로 한자를 공부할 수 있으니까요. 7급 한자는 초등 교과 공부의 바탕이 되는 기초 한자 100자로 이루어져 있습니다. 8급 50자, 7급 100자를 익히면 초등 1~2학년 학습 용어의 속뜻을 알 수 있습니다.

한자 공부의 지루함과 암기의 어려움을 해결하는 6가지 방법

그런데 문제는 한자도 공부인지라 지겹다는 점과 힘들게 공부한 한자를 보통 다음날이면 잊어버린다는 겁니다. 이를 해결하기 위해 연구에 연구를 거듭한 결과가 바로 이 책입니다.

❶ '한자의 획'을 그림으로 구현

이 책은 '한자의 획'을 '그림의 선'으로 그려, 그림을 보며 한자를 보다 쉽게 익힐 수 있습니다. 또 '숙이고 들어가는 들 입(入)'처럼 한자마다 붙은 풀이말과 함께 공부하면 한자가 기억에 오래 남습니다.

❷ 암기 효과를 2배로 높여 주는 '세 박자 풀이말'

한 획 한 획을 쓸 때 운율이 있는 세 박자 풀이말을 붙여 놓아, 그 풀이말을 기억하면 한자가 자연스럽게 써집니다.

바빠 초등 7급 한자 1권

이지스에듀

지은이 | 김정미, 강민

김정미 선생님은 서울 교대에서 초등교육을 전공하고, 20년 넘게 교단을 지키고 있다. 남편 강민 선생님과 함께 초등 한자 분야에서 스테디셀러로 자리 매김한 바빠 초등 급수 한자 시리즈를 공동 집필하였다. 바빠 초등 급수 한자 시리즈는 어원을 그림으로 그려 설명하고 획순에 이야기를 담아 어린 아이들도 한자를 쉽게 익히고 급수를 딸 수 있도록 구성한 시리즈로 《바빠 초등 8급 한자》,《바빠 초등 7급 한자》 1, 2와 《바빠 초등 6급 한자》 1, 2, 3 등이 있다.

강민 선생님은 서울대에서 인문학을 전공하고, 컴퓨터 프로그래머로 일하며 한자를 좋아하여 관심을 두다가, 첫 아이 태교를 하면서 한자의 모양과 소리와 뜻을 파헤치기 시작했다. 부인 김정미 선생님과 함께 《바빠 초등 8급 한자》,《바빠 초등 7급 한자》 1, 2와 《바빠 초등 6급 한자》 1, 2, 3 등을 출간했다. 한자가 쉽게 외워지는 세 박자 풀이말을 고안해 풀이말을 읽으면 어려운 한자도 척척 써낼 수 있도록 하였다.

'바빠 초등 급수 한자' 시리즈

바빠 초등 7급 한자 1권

(이 책은 2016년 11월에 출간된 '바쁜 초등학생을 위한 빠른 급수 한자 7급 1권' 을 개정 증보한 판입니다.)

초판 1쇄 발행 2025년 6월 17일
초판 3쇄 발행 2026년 2월 20일
지은이 김정미, 강민
발행인 이지연
펴낸곳 이지스퍼블리싱(주)
출판사 등록번호 제313-2010-123호
주소 서울시 마포구 잔다리로 109 이지스 빌딩 5층(우편번호 04003)
대표전화 02-325-1722　　　　팩스 02-326-1723
이지스퍼블리싱 홈페이지 www.easyspub.com　　이지스에듀 카페 www.easysedu.co.kr
바빠 아지트 블로그 blog.naver.com/easyspub　　인스타그램 @easys_edu
페이스북 www.facebook.com/easyspub2014　　이메일 service@easyspub.co.kr

기획 및 책임 편집 김경진 | 이지혜, 박지연, 김현주　디자인 김세리　삽화 김학수
전산편집 책돼지　인쇄 보광문화사　영업 및 문의 이주동, 김요한(support@easyspub.co.kr)
마케팅 라혜주　독자 지원 박애림, 김세진, 김수경

ISBN 979-11-6303-724-8 64710
ISBN 979-11-6303-712-5 64710(세트)
가격 11,000원

• 이지스에듀는 이지스퍼블리싱(주)의 교육 브랜드입니다.
　(이지스에듀는 학생들을 탈락시키지 않고 모두 목적지까지 데려가는 책을 만듭니다!)

❸ 물방울에 가려진 한자 쓰기

인지 학습 분야 전문가의 말에 따르면 학습에 적정한 어려움이 있을 때 기억에 오래 남는다고 합니다. 이 책에서는 물방울 모양이 적정한 어려움으로 작용해, 한자가 기억에 오래 남게 도와줍니다.

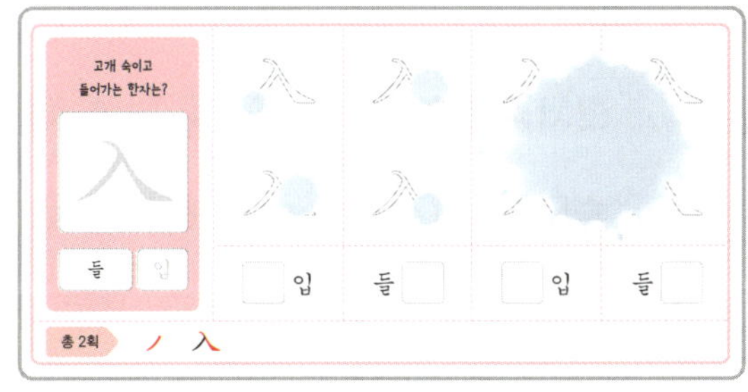

❹ 문해력 향상을 돕는 한자 어휘 공부까지!

이 책은 한자 어휘를 배우고 문장으로 확장해서 한자 어휘력을 키워줍니다. 교과서 용어와 일상적으로 쓰는 어휘에서 아이들이 한자를 발견하고, 교과 개념을 쉽게 이해할 수 있습니다.

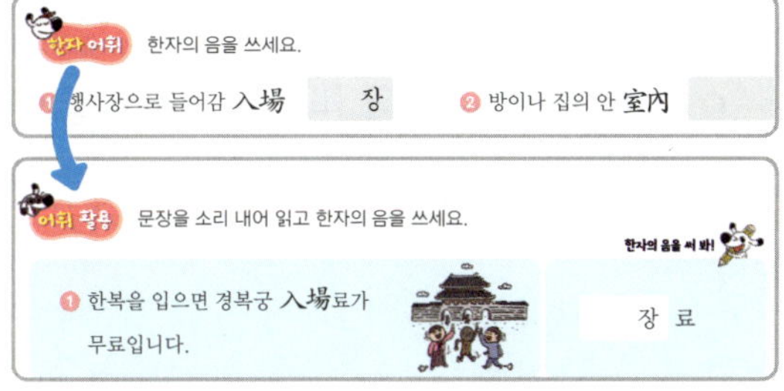

❺ 망각이 일어나기 전에 복습하기 단계 구성!

앞 과에서 배운 한자가 다음 과의 문제 속에 등장해서 자주 복습하게 됩니다. 이는 뇌의 단기 기억을 장기 기억으로 바꾸는 역할을 합니다. 또한 8급 시험 기출 문제를 재구성하여 실전에 대비하도록 하였습니다.

❻ 부록 2회 모의시험 – 실제 시험을 보지 않아도 다 풀면 합격 인증해 주세요!

'바빠 초등 7급 한자 1권'에는 1권에서 다루는 한자 50자를 기준으로 한 모의시험 2회가, '바빠 초등 7급 한자 2권'에는 실제 기출 수준의 문제 2회가 수록되어 있습니다. 7급 시험은 70점 이상(70문항 중 49문항)을 획득하면 합격입니다. 2권의 모의고사 2회 결과가 모두 70점 이상이라면 실제 시험을 치르지 않아도 7급을 취득한 것과 마찬가지입니다.

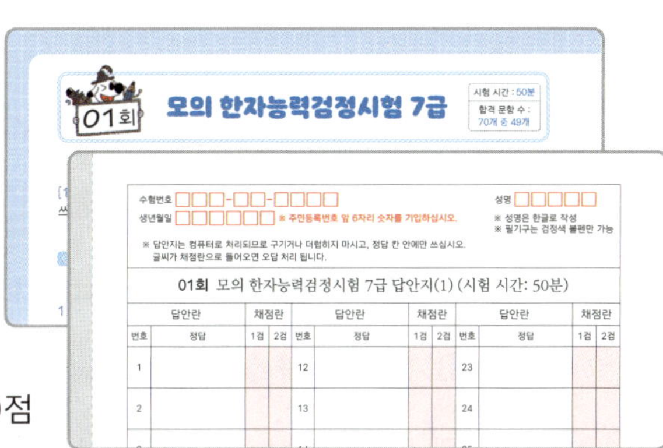

바빠 초등 7급 한자 1권

공부한 날짜

		페이지		
준비학습	한자를 쓰는 순서, 필순을 알면 쉽다!	10	월	일
01	숙이고 들어가는 들 入, 문 안으로 들어가는 안 內	12	월	일
02	하늘 아래 팔 벌린 하늘 天, 상투 튼 지아비 夫	15	월	일
03	두 다리로 서있는 설 立, 삐치고 긋는 글월 文	18	월	일
04	풀에서 변한 꽃 花, 사람이 물건을 고쳐 편할 便	21	월	일
05	웅크린 몸 고을 邑, 사랑하는 몸 빛 色	24	월	일
06	01~05과 복습하기	27	월	일
07	머리 큰 아들 子, 아이가 배우는 글자 字	30	월	일
08	지팡이 짚고 쉬는 늙을 老, 아버지 업은 효도 孝	33	월	일
09	집에 여자가 편히 편안 安, 여자가 아이를 낳아 성 姓	36	월	일
10	어머니가 젖 먹이는 매양 每, 물이 때마다 오가는 바다 海	39	월	일
11	제사 지내는 할아비 祖, 입 벌린 지아비 땅 한수 漢	42	월	일
12	07~11과 복습하기	45	월	일
13	둥근 입 입 口, 문 앞에서 입 열고 묻는 물을 問	48	월	일
14	허리 굽혀 바치는 목숨 命, "옳다!" 소리치는 노래 歌	51	월	일
15	대나무에 구멍이 한곳으로 뚫린 한가지 同, 물이 한곳에 모이는 골 洞	54	월	일
16	물이 혀에 닿아 살 活, 혀를 날름거리며 말씀 話	57	월	일
17	나에 대해 말하는 말씀 語, 말을 몸 엎드려 기록할 記	60	월	일
18	13~17과 복습하기	63	월	일

19	왼손을 눈에 대고 곧을 直, 나무를 곧게 심을 植	66	월	일
20	코를 가리키며 스스로 自, 이마, 얼굴, 코 낯 面	69	월	일
21	큰길을 달리는 길 道, 고기와 칼을 든 앞 前	72	월	일
22	손에 고깃덩이가 있을 有, 아기를 살피도록 기를 育	75	월	일
23	피가 드나드는 심장 마음 心, 밥뚜껑 열고 앉아 먹을 食	78	월	일
24	19~23과 복습하기	81	월	일
25	왼손에 손도끼 왼 左, 오른손으로 밥 먹는 오른 右	84	월	일
26	손가락과 손목 손 手, 사람이 막대를 잡고 하는 일 事	87	월	일
27	한곳에 발을 멈춘 바를 正, 입을 벌리고 발을 뻗은 발 足	90	월	일
28	두 발로 제기를 들고 오를 登, 큰길에서 뒤쫓는 뒤 後	93	월	일
29	머리에 땀나는 여름 夏, 이쪽저쪽 얼음이 언 겨울 冬	96	월	일
30	25~29과 복습하기	99	월	일
부록1	모의 한자능력검정시험 7급 1~2회	104	월	일
	복습하기 & 모의시험 정답	110	월	일
부록2	7급 그림 한자 카드	121	월	일

나만의 공부 계획을 세워 보자!

나의 진도 ________ 일

나는 어떤 학생인가?		권장 진도
	☑ 한자를 정말 처음 공부해요. ☐ '바빠 초등 7급 한자 1권' 50자 가운데 아는 한자가 5자도 안 돼요.	30일
	☐ 급수 시험 공부가 처음이에요. ☐ '바빠 초등 7급 한자 1권' 50자 가운데 아는 한자가 10자 이상이에요.	14일
	☐ 한자 공부가 재미있어요. ☐ 7급 자격증을 빨리 따고 싶어요. ☐ '바빠 초등 7급 한자 1권' 50자 가운데 아는 한자가 20자 이상이에요.	10일

📖 권장 진도표

• 30일 진도는 하루에 1과씩 공부하면 됩니다.

날짜	1일 차	2일 차	3일 차	4일 차	5일 차	6일 차	7일 차
14일 진도	준비 학습 01~02과	03~04과	05~06과	07~08과	09~10과	11~13과	14~15과
10일 진도	준비 학습 01~02과	03~05과	06~09과	10~12과	13~15과	16~19과	20~22과

날짜	8일 차	9일 차	10일 차	11일 차	12일 차	13일 차	14일 차
14일 진도	16~18과	19~20과	21~22과	23~25과	26~27과	28~29과 모의시험 1회	30과 모의시험 2회 (끝)
10일 진도	23~26과	27~29과 모의시험 1회	30과 모의시험 2회 (끝)				

바빠 초등 7급 한자 1권

한자를 쓰는 순서, 필순을 알면 쉽다!

필순을 왜 공부해야 할까?

처음 한자를 공부하면 한자를 쓰는 일이 어렵게 느껴집니다. 한글과 달리 일정한 규칙이 없는 것처럼 느껴지니까요. 하지만 한자도 쓰는 규칙이 있습니다. 필순은 붓(筆)으로 획을 쓰는 순서(順)라는 뜻입니다. 오랜 세월 한자를 쓰면서 자연스럽게 필순이 정해졌습니다. 한글보다 획이 많은 한자는 필순에 맞게 써야 쓰기도 편하고 글자 모양도 아름답습니다.

필순의 7가지 규칙

이 책에서는 기본 규칙을 7가지로 정리했습니다. 필순을 외우려고 애쓰기보다는 앞으로 배울 한자를 자연스럽게 쓰기 위해 가볍게 점검하는 정도로 학습하면 됩니다. '바빠 초등 7급 한자' 속 풀이말을 따라 공부하면 필순은 자연스럽게 익혀집니다.

1. '人(시옷)'과 같은 순서로 씁니다.

2. 가로획과 세로획이 만날 때는 가로획을 먼저 씁니다.

3. ㅣ(갈고리)가 글자의 한가운데 오면 갈고리 모양을 맨 먼저 씁니다.

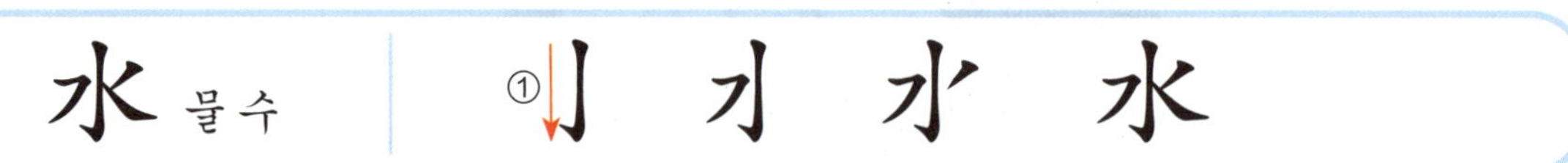

⑩ 小(작을 소)

4. 양쪽 점을 먼저 씁니다.

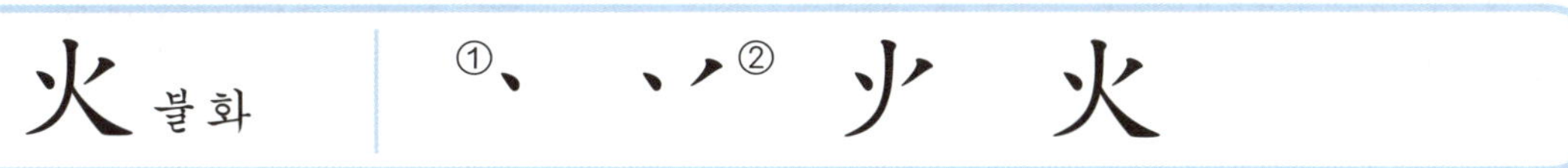

5. 口(입 구)와 비슷한 한자는 한글의 'ㅁ'과 같은 순서로 씁니다.

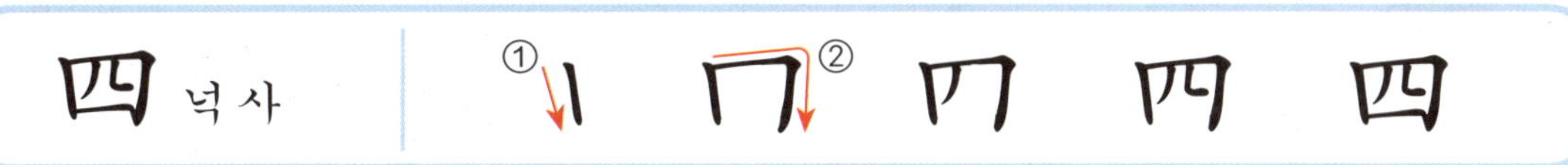

> 예 日(날 일), 白(흰 백), 國(나라 국)

6. 글자 가운데를 뚫고 지나가는 획은 마지막에 씁니다.

> 예 軍(군사 군)

7. ノ(삐침)을 먼저 쓰고 ＼(파임)을 나중에 씁니다.

> 예 敎(가르칠 교), 校(학교 교)

이외에도 '위에서 아래로 쓴다', '왼쪽에서 오른쪽으로 쓴다'라는 규칙이 있으나 자연스럽게 익힐 수 있으므로 다루지 않았습니다. 또한 필순에 예외가 많아 한자를 쓰는 기본 규칙을 알아두는 정도로 학습하는 것이 좋습니다. 본격적인 한자 학습은 풀이말로 한자를 외우는 방법이 효과적입니다.

다음 한자는 어떤 순서로 쓸까요?

少

① 亅 丿 小 少
② 丿 亅 小 少

정답 ①

01 숙이고 들어가는 들 入, 문 안으로 들어가는 안 內

들 입

안 내

'들 입'은 사람이 다리를 내밀고
고개 숙여 들어가는 모습이에요.

'안 내'는 사람이 문 안으로
들어가는 모습이에요.

풀이말을 큰 소리로 읽으며 획을 따라 쓰세요.

따라 써 봐!

| 풀이말 | 다리 내밀고 | 고개 숙여 들어가는 | 들 입 | 들 |

| 풀이말 | 문 안으로 | 들어가는 | 안 내 | 안 |

도움말 入(들 입)은 人(사람 인), 八(여덟 팔)과 모양이 비슷해요. 入(입)은 고개 숙인 사람, 人(인)은 몸을 세운 사람, 八(팔)은 벌린 두
팔 모양으로 알아두세요.

반의어 入(들 입) ↔ 出(날 출), 內(안 내) ↔ 外(바깥 외)

물방울 한자　물방울 🔵 에 가려진 한자를 필순에 맞게 쓰고, 빈칸에 훈과 음을 쓰세요.

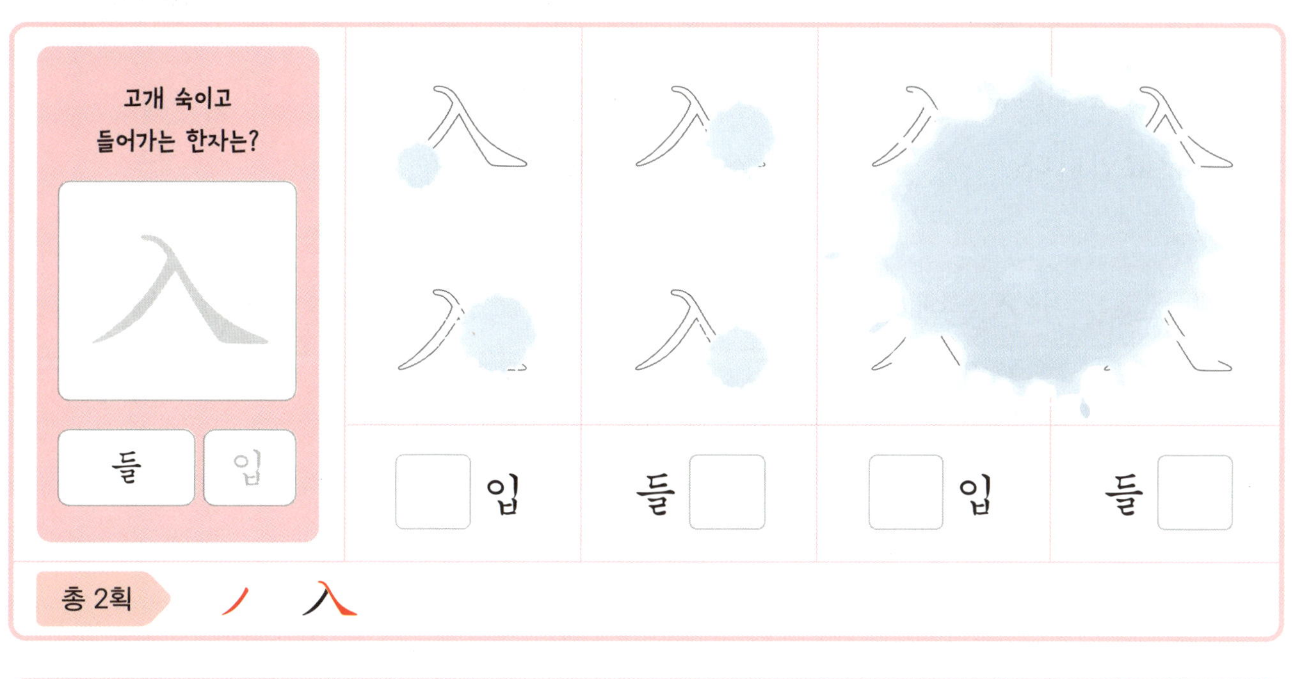

고개 숙이고
들어가는 한자는?

入

들 / 입

총 2획　ノ 入

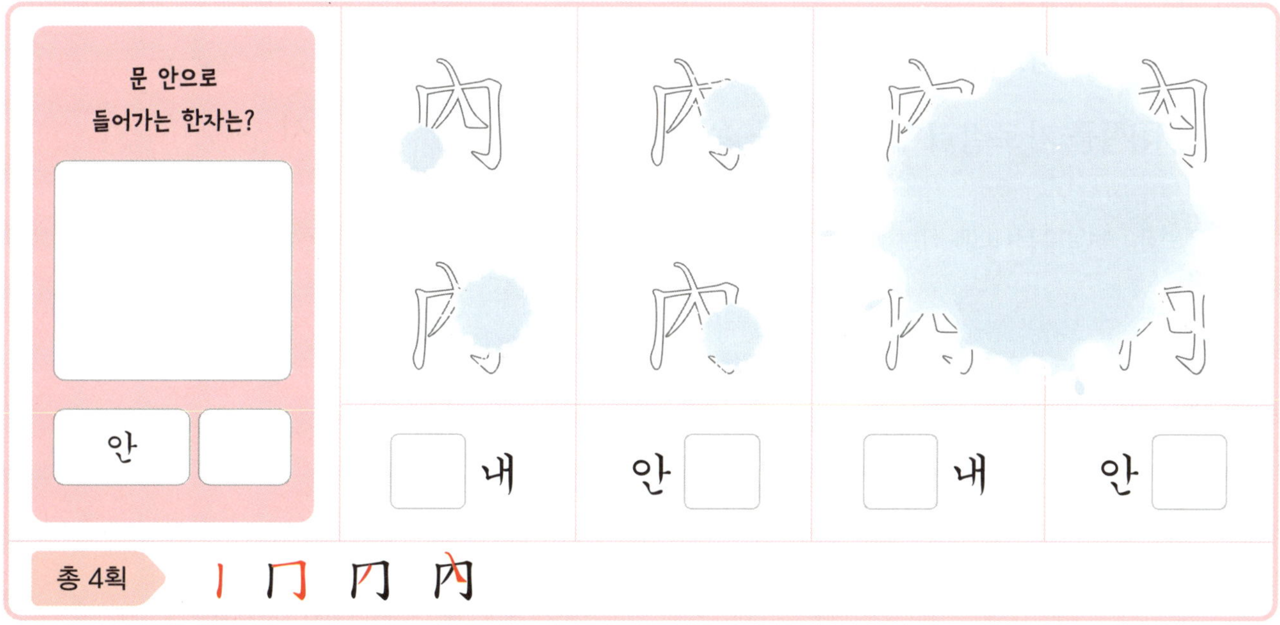

문 안으로
들어가는 한자는?

안

총 4획　丨 冂 內 內

한자 어휘　한자의 음을 쓰세요.

① 행사장으로 들어감 入場 　　장

② 방이나 집의 안 室內

③ 나오고 들어감 出入 　출

④ 도시의 안 市內 　시

예습! 7급 한자　場(마당 장) 出(날 출) 市(저자 시)　　복습! 8급 한자　室(집 실)

문장을 소리 내어 읽고 한자의 음을 쓰세요.

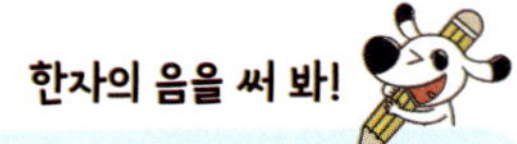

① 한복을 입으면 경복궁 **入場**료가 무료입니다.

장 　 료

국어 4
② 보초는 **出入**문에서 주의 깊게 살피는 임무를 맡은 병사입니다.

출 　 문

과학 3
③ **室內** 전시관인 에코리움에는 비가 적게 오는 환경의 사막관이 있습니다.

④ 택시는 **南山**터널을 빠져나와 **市內**를 가로질러 달렸습니다.

시

복습! 8급 한자　南(남녘 남) 山(메 산)

밑줄 친 뜻에 해당하는 한자를 찾거나, 음에 해당하는 한자어를 <보기>에서 찾아보세요.

<보기>　① 入場　② 入　③ 室內　④ 出入　⑤ 內

1. 식물원 안에는 몇 명이 있습니까?　________

2. 하루 입장객이 가장 적은 놀이공원은?　________

3. 실내에서는 모자를 벗으세요.　________

4. 지난해부터 대사관 출입 절차가 까다로워졌습니다.　________

정답　① 입장　② 출입　③ 실내　④ 남산, 시내　|　1. ⑤　2. ①　3. ③　4. ④

02 하늘 아래 팔 벌린 하늘 天, 상투 튼 지아비 夫

하늘 천

'하늘 천'은 하늘 아래 팔 벌리고
서있는 사람의 모습이에요.

지아비 부

'지아비 부'는 상투를 튼
결혼한 어른의 모습이에요.

풀이말을 큰 소리로 읽으며 획을 따라 쓰세요.

따라 써 봐!

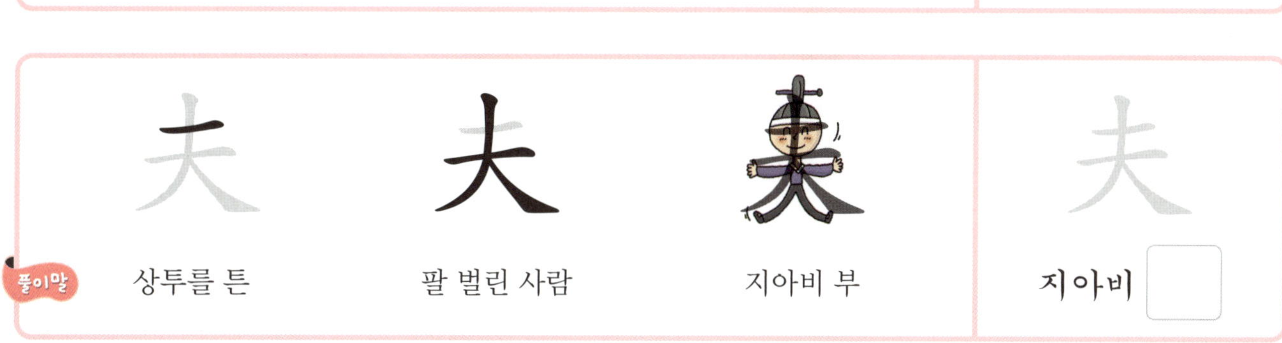

도움말 지아비는 아내가 남 앞에서 남편을 부를 때 쓰는 옛말이에요.

반의어 天(하늘 천) ↔ 地(땅 지)

물방울 한자 물방울 ◯ 에 가려진 한자를 필순에 맞게 쓰고, 빈칸에 훈과 음을 쓰세요.

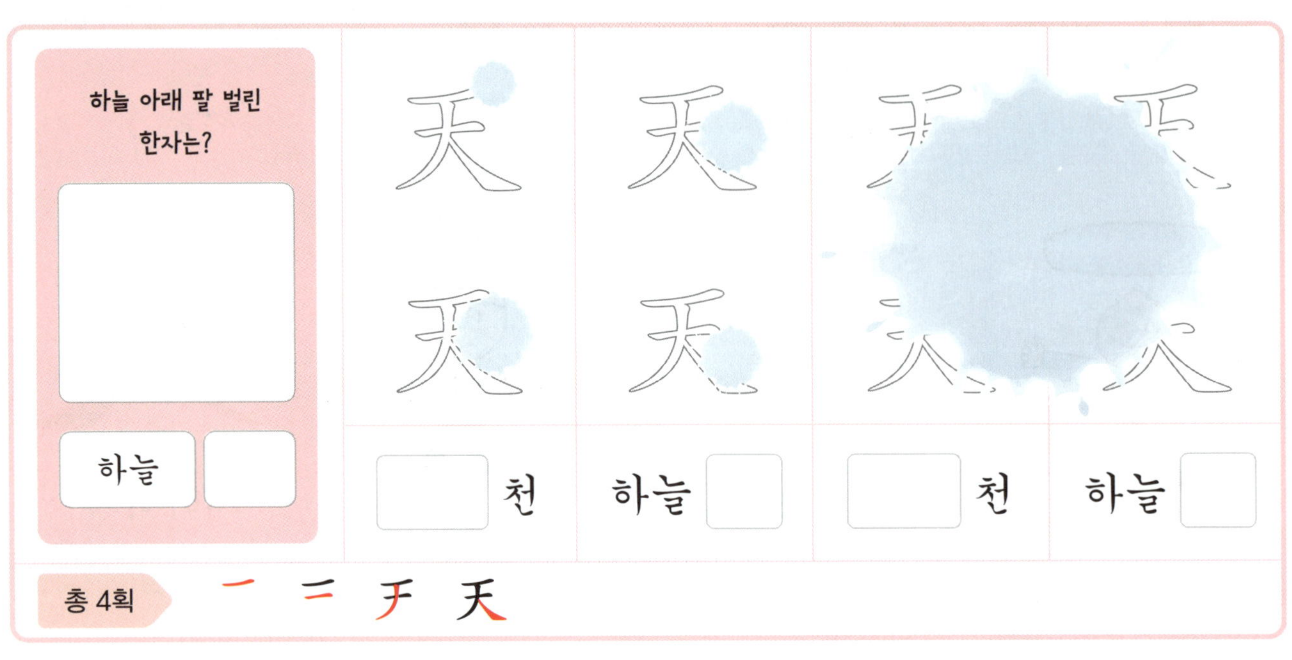

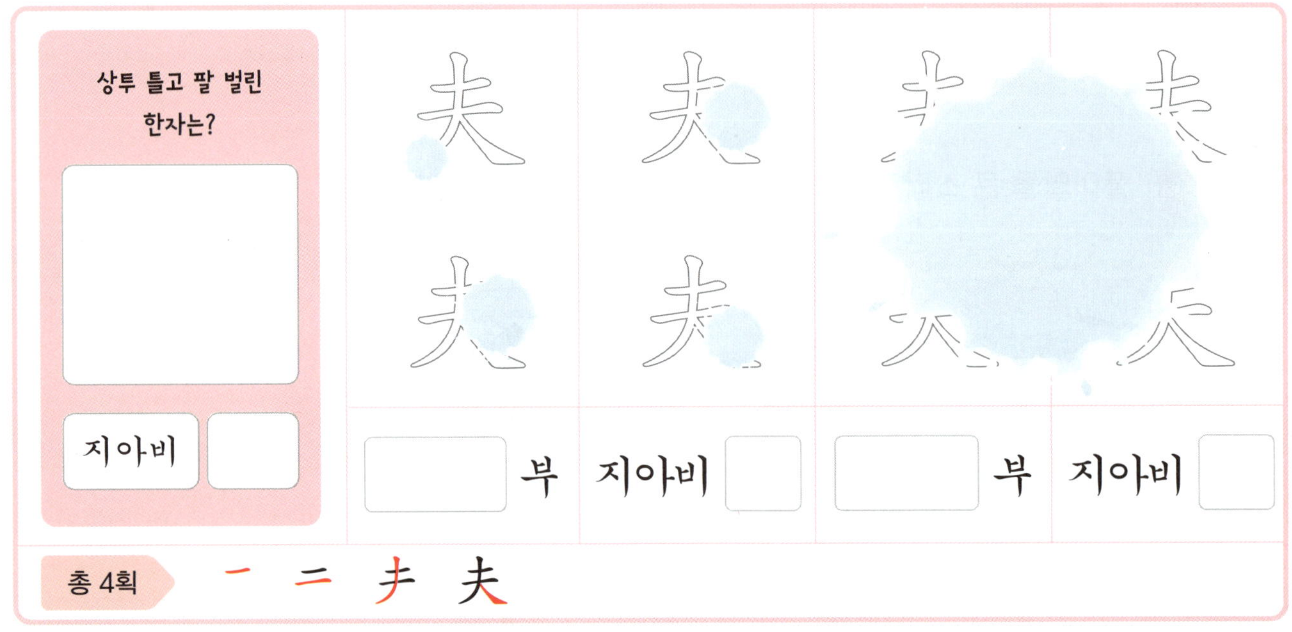

한자 어휘 한자의 음을 쓰세요.

1 하늘 아래 온 세상 **天下** 하

2 농사짓는 사람 **農夫** 농

3 하늘이 내려준 **天然** 연

4 학문을 익히는 **工夫** 공

예습! 7급 한자 下(아래 하) 農(농사 농) 然(그럴 연) 工(장인 공)

어휘 활용 문장을 소리 내어 읽고 한자의 음을 쓰세요.

국어 4
1 農夫는 세 아들에게 밭에 보물이 있다고 말해 주었습니다.

농 ☐

2 올해 天下장사는 들배지기로 상대방을 넘어뜨렸습니다.

☐ 하

3 독도는 우리나라의 天然기념물이면서 天然 보호 구역이에요.

☐ 연

국어 4
4 풍부한 배경지식은 학교 工夫를 하는 데 도움을 줍니다.

공 ☐

밑줄 친 뜻에 해당하는 한자를 찾거나, 음에 해당하는 한자어를 〈보기〉에서 찾아보세요.

〈보기〉　　① 天下　　② 農夫　　③ 天　　④ 工夫　　⑤ 夫

1. 여왕개미와 수개미가 <u>하늘</u>로 날아올라요. ＿＿＿＿＿

2. <u>농부</u>들이 봄에 씨를 뿌렸습니다. ＿＿＿＿＿

3. <u>공부</u>할 문제를 스스로 생각해 보세요. ＿＿＿＿＿

4. 놀부는 <u>천하</u>가 다 아는 구두쇠입니다. ＿＿＿＿＿

03 두 다리로 서있는 설 立, 삐치고 긋는 글월 文

설 립

'설 립'은 머리 들고 두 팔 벌리고
두 다리로 땅을 딛고 서있는 모습이에요.

글월 문

'글월 문'은 사람이 붓으로
이리저리 글을 쓰는 모습이에요.

 풀이말을 큰 소리로 읽으며 획을 따라 쓰세요.

따라 써 봐!

| 풀이말 | 머리, 팔 | 두 다리로 | 땅을 딛고 선 | 설 립 | 설 □ |

| 풀이말 | 머리, 팔을 들고 | 삐치고 그어 | 글을 쓰는 | 글월 문 | 글월 □ |

도움말 立(설 립)이 낱말의 처음에 오면 立春(입춘)처럼 '입'으로 읽어요. 文(글월 문)은 원래 사람의 가슴에 새긴 무늬를 본뜬 글자예요. 그래서 文樣(문양)에서는 '무늬'를 뜻해요.

 **물방울 한자** 물방울 🔵 에 가려진 한자를 필순에 맞게 쓰고, 빈칸에 훈과 음을 쓰세요.

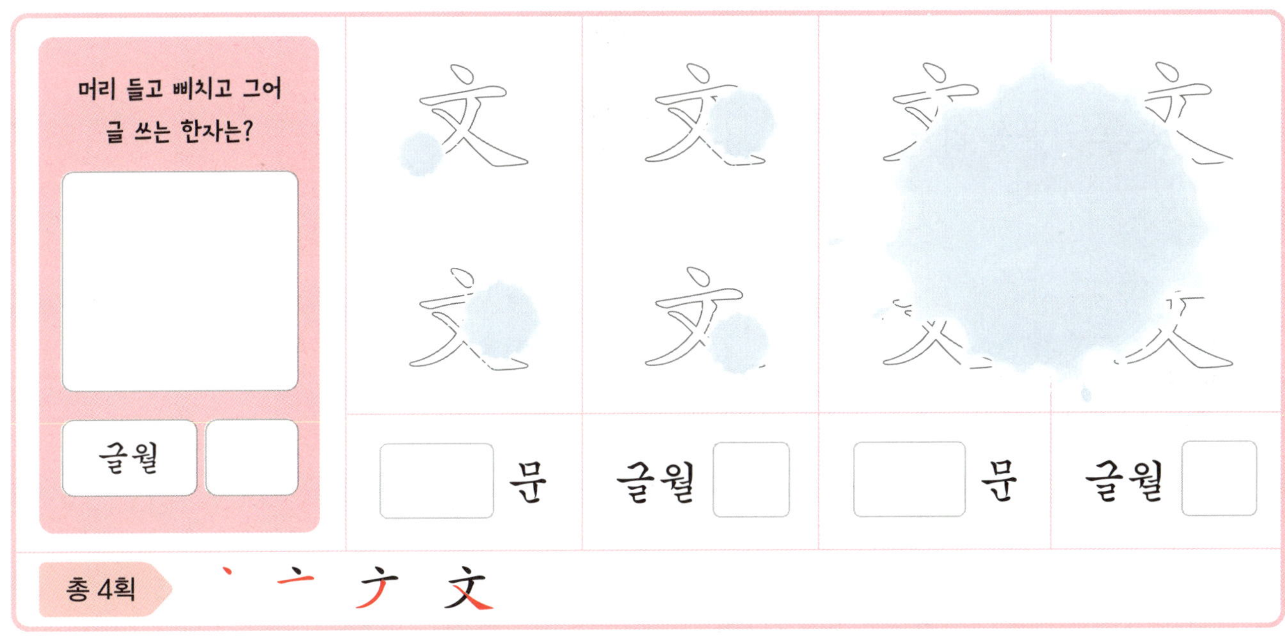

 **한자 어휘** 한자의 음을 쓰세요.

1 스스로 서는 **自立**   자 ___

2 문화가 이룩한 **文物**   물

3 시에서 세운 **市立**   시

4 글로 나타낸 예술 **文學**

예습! 7급 한자 自(스스로 자) 物(물건 물) 市(저자 시)   복습! 8급 한자 學(배울 학)

한자의 음을 써 봐!

1 이 **市立** 도서관은 시민이면 누구나 이용할 수 있습니다.

시

2 외국 **文物**을 우리 사정에 맞게 받아들여야 합니다.

물

3 그는 우선 일자리를 얻어 **自立** 하려고 합니다.

자

4 평소 시나 이야기에 관심을 두고 **文學** 작품을 읽나요?

도전! 7급 시험

밑줄 친 뜻에 해당하는 한자를 찾거나, 음에 해당하는 한자어를 <보기>에서 찾아보세요.

<보기>　　① 立　　② 文物　　③ 市立　　④ 文　　⑤ 文學

1. 오늘 시립 교향악단의 연주회가 있습니다. ________

2. 서로 다른 문물이 섞여 새로운 문화를 만듭니다. ________

3. 문학은 다양한 우리 삶을 표현합니다. ________

4. 나만의 만화 영화 회사를 세웠습니다. ________

정답　**1** 시립　**2** 문물　**3** 자립　**4** 문학　｜　1. ③　2. ②　3. ⑤　4. ①

04 풀에서 변한 꽃 花, 사람이 물건을 고쳐 편할 便

꽃 화

'꽃 화'는 풀이 자라 어느 날 '화~악'
꽃으로 변한 모습이에요.

편할 편

'편할 편'은 사람이 물건을 고쳐
편리하게 사용하는 모습이에요.

풀이말을 큰 소리로 읽으며 획을 따라 쓰세요.

따라 써 봐!

풀이말

| 풀이 자라 | 꽃이 되는 | 꽃 화 | 꽃 |

풀이말

| 사람이 | 고장이 난 물건을 고쳐 | 편할 편 | 편할 |

도움말 花(꽃 화)에서 化는 사람이 똑바로 서있다가 거꾸로 서는 '될 화'예요. 便(편할 편)의 오른쪽은 更(고칠 경)이라는 한자예요. 便(편할 편)은 소변(小便)처럼 '똥오줌 변'으로도 씁니다.

필순 花를 쓸 때 艹는 十(열 십)을 두 번 쓰면 돼요. 그리고 化에서 匕는 ✓을 먼저 써요.

물방울 에 가려진 한자를 필순에 맞게 쓰고, 빈칸에 훈과 음을 쓰세요.

풀이 자라 꽃이 되는 한자는? 꽃	花 花	花 花	花 花	花 花
	☐ 화	꽃 ☐	☐ 화	꽃 ☐

총 8획 　一　十　十　芢　芢　花　花　花

사람이 고장이 난 물건을 고쳐 쓰니 편한 한자는? 편할	便 便	便 便	便 便	便 便
	☐ 편	편할 ☐	☐ 편	편할 ☐

총 9획 　丿　亻　亻　仟　佰　佰　佰　便　便

 한자의 음을 쓰세요.

1 꽃과 풀 **花草** ☐ 초

2 편하고 안락한 **便安** ☐ 안

3 온갖 꽃 **百花** 백 ☐

4 편한지 묻는 **便紙** ☐ 지

예습! 7급 한자 草(풀 초) 安(편안 안) 百(일백 백) 紙(종이 지)

한자의 음을 써 봐!

1 마당에는 여러가지 **花草**가
피어 있습니다.

초

국어 4
2 고마웠던 마음이 잘 드러나게
便紙를 쓸 거야.

지

3 화창한 봄날 **百花**가
만발합니다.

백

국어 4
4 휴게실을 만들면
便安히 쉴 수 있습니다.

안 히

밑줄 친 뜻에 해당하는 한자를 찾거나, 음에 해당하는 한자어를 <보기>에서
찾아보세요.

<보기>　　① **花草**　　② **便安**　　③ **花**　　④ **便紙**　　⑤ **自立**

1. 피어 있는 초롱꽃은 몇 송이입니까?　　________

2. 고향에 계신 부모님께 편지를 썼습니다.　　________

3. 이 화초에는 물을 조금만 주어야 합니다.　　________

4. 어머니 품은 아늑하고 편안합니다.　　________

05 웅크린 몸 고을 邑, 사랑하는 몸 빛 色

고을 읍

빛 색

'고을 읍'은 입 모양과 몸을 웅크린 사람을 그렸어요. 사람들이 몸을 웅크리고 땅을 파며 함께 모여 사는 고을이에요.

'빛 색'은 짝짓기하는 수컷과 암컷을 그렸어요. 짝짓기할 때 몸 빛깔이 예쁘게 변해요.

 **풀이말** 풀이말을 큰 소리로 읽으며 획을 따라 쓰세요.

따라 써 봐!

풀이말 입 벌리고   몸 웅크리고   함께 모여 사는   고을 읍   고을 ☐

풀이말 몸 구부린 수컷과   몸 웅크린 암컷이   서로 좋아 빛나는   빛 색   빛 ☐

도움말 읍(邑)은 강원도(道) 정선군(郡) 정선읍(邑) 봉양리(里)의 '정선읍'처럼 작은 행정구역을 말해요. 色(빛 색)은 빛을 받아 나타나는 빛깔을 가리켜요. 빛깔은 색깔, 색채와 비슷한 말이에요.

물방울  에 가려진 한자를 필순에 맞게 쓰고, 빈칸에 훈과 음을 쓰세요.

입을 벌리고 몸을 웅크린 한자는?

고을

| | 읍 | 고을 | | | 읍 | 고을 | |

총 7획　ㅣ ㅁ ㅁ 무 뮤 뮤 묘 邑

수컷과 암컷이 서로 좋아하는 모습의 한자는?

빛

| | 색 | 빛 | | | 색 | 빛 | |

총 6획　ㅅ ㅅ ㅅ 숙 숡 色

한자의 음을 쓰세요.

1 읍의 구역 안쪽 **邑內** 

2 다섯 가지 빛깔 **五色**

3 작은 고을 **小邑** 

4 파란색 **靑色**　청

예습! 7급 한자　靑(푸를 청)　　복습! 8급 한자　五(다섯 오) 小(작을 소)

어휘 활용 문장을 소리 내어 읽고 한자의 음을 쓰세요.

1 **父母**님은 **邑內**에 음식점을 차리셨습니다.

☐ 님,
☐

음악 4
2 너의 꽃도 활짝 피기를 응원하는 **五色**찬란한 싹으로부터

찬란

3 그는 번화하지 않은 **小邑**에서 자랐습니다.

☐

4 새싹이 돋으면 강물은 연한 **靑色**이 됩니다.

청

복습! 8급 한자   父(아비 부) 母(어미 모)

밑줄 친 뜻에 해당하는 한자를 찾거나, 음에 해당하는 한자어를 <보기>에서 찾아보세요.

<보기>   ① 邑   ② 色   ③ 小邑   ④ 靑色   ⑤ 邑內

1. 검붉은 흙과 <u>청색</u> 하늘이 나를 반깁니다. ________

2. 오소리 아줌마는 <u>읍내</u> 장터까지 갔습니다. ________

3. 여러 가지 <u>빛깔</u>을 넣어 만든 떡이야. ________

4. 옛날 어느 <u>고을</u>에 한 선비가 살았습니다. ________

   정답 **1** 부모, 읍내 **2** 오색 **3** 소읍 **4** 청색 | 1. ④ 2. ⑤ 3. ② 4. ①

06 01~05과 복습하기

 빈칸에 알맞은 한자와 훈음을 쓰세요.

빛 색

글월 문

고을 읍

지아비 부

편할 편

<보기> 入 內 天 夫 立 文 花 便 邑 色

1. 택시는 시　　　를 가로질러 달렸습니다.

2. 한복을 입으면 경복궁　　　장료가 무료입니다.

3. 새싹이 돋으면 강물은 연한 청　　　이 됩니다.

4. 농　　　는 세 아들에게 밭에 보물이 있다고 말해 주었습니다.

5. 우선 일자리를 얻어 자　　　하려고 합니다.

6. 휴게실을 만들면　　　안히 쉴 수 있습니다.

7. 평소에　　　학 작품을 읽나요?

8. 독도는 우리나라의　　　연기념물이에요.

9. 마당에는 여러 가지　　　초가 피어 있습니다.

10. 부모님은　　　내에 음식점을 차리셨습니다.

7급 급수 시험 예상 문제

맞힌 개수 / 18 개

[1~8] 다음 한자어의 음(音: 소리)을 쓰세요.

<보기>　漢字 → 한자

1. 花草^초에 물을 주어야 합니다.

2. 室內 수영장은 깨끗합니다.

3. 오빠는 自^자立해 직장에 다닙니다.

4. 농사는 天下^하의 대본입니다.

5. 農^농夫가 씨를 뿌렸습니다.

6. 便安^안한 자세로 앉으세요.

7. 꽃들이 五色영롱하게 피었습니다.

8. 신부가 예식장에 入場^장했습니다.

[9~12] 다음 한자의 훈(訓: 뜻)과 음(音: 소리)을 쓰세요.

<보기>　字 → 글자 자

9. 邑 __________

10. 立 __________

11. 文 __________

12. 天 __________

[13~14] 다음 한자의 상대 또는 반대되는 한자를 <보기>에서 골라 그 번호를 쓰세요.

<보기>　① 月　　② 大　　③ 外

13. 內 ↔ (　　)

14. 日 ↔ (　　)

[15~16] 다음 뜻에 맞는 한자어를 <보기>에서 찾아 그 번호를 쓰세요.

<보기>　① 室內　　② 自立　　③ 花草　　④ 大小

15. 집이나 방의 안 __________

16. 스스로 섬 __________

• 自(스스로 자) 草(풀 초)

[17~18] 다음 한자의 진하게 표시한 획은 몇 번째 쓰는지 <보기>에서 찾아 그 번호를 쓰세요.

<보기>　⑤ 다섯 번째　　⑥ 여섯 번째　　⑦ 일곱 번째　　⑧ 여덟 번째　　⑨ 아홉 번째　　⑩ 열 번째

17. 邑 ____　　18. 花 ____

"""

머리 큰 아들 子, 아이가 배우는 글자 字

아들 자

글자 자

'아들 자'는 머리와 몸통을 그렸어요.
두 팔을 벌린 아이 모습이에요.

'글자 자'는 집 안에서 아이가
글을 배우는 모습이에요.

 풀이말을 큰 소리로 읽으며 획을 따라 쓰세요.

따라 써 봐!

子	子		子
큰 머리, 몸통	팔 벌린	아들 자	아들 □

풀이말

字	字		字
집에서	아이가 배우는	글자 자	글자 □

풀이말

도움말 子(아들 자)는 원래 남녀 구분없이 자식을 나타내는 글자였는데 나중에 아들, 딸을 子女(자녀)로 구별해 사용했어요. 字에서 宀은 지붕 모양으로 '집'을 나타내요. 그래서 字는 집(宀)에서 아이(子)가 글을 배우는 '글자 자'예요.

반의어 子(아들 자) ↔ 女(여자 녀)

물방울 한자 물방울 에 가려진 한자를 필순에 맞게 쓰고, 빈칸에 훈과 음을 쓰세요.

머리와 몸통, 두 팔을 벌린 모습의 한자는?

子 子 子 子
子 子 子 子

아들 [ ]

[ ] 자 아들 [ ] [ ] 자 아들 [ ]

총 3획 ㇇ 了 子

집에서 아이가 글을 배우는 한자는?

字 字 字 字
字 字 字 字

글자 [ ]

[ ] 자 글자 [ ] [ ] 자 글자 [ ]

총 6획 丶 丶 宀 宀 字 字

한자 어휘 한자의 음을 쓰세요.

1. 어머니와 아들 母子 [ ]
2. 언어를 적는데 쓰는 文字 [ ]
3. 부모를 잘 섬기는 孝子 효 [ ]
4. 책을 찍어내는 글자 活字 활 [ ]

예습! 7급 한자 孝(효도 효) 活(살 활) **복습!** 8급 한자 母(어미 모)

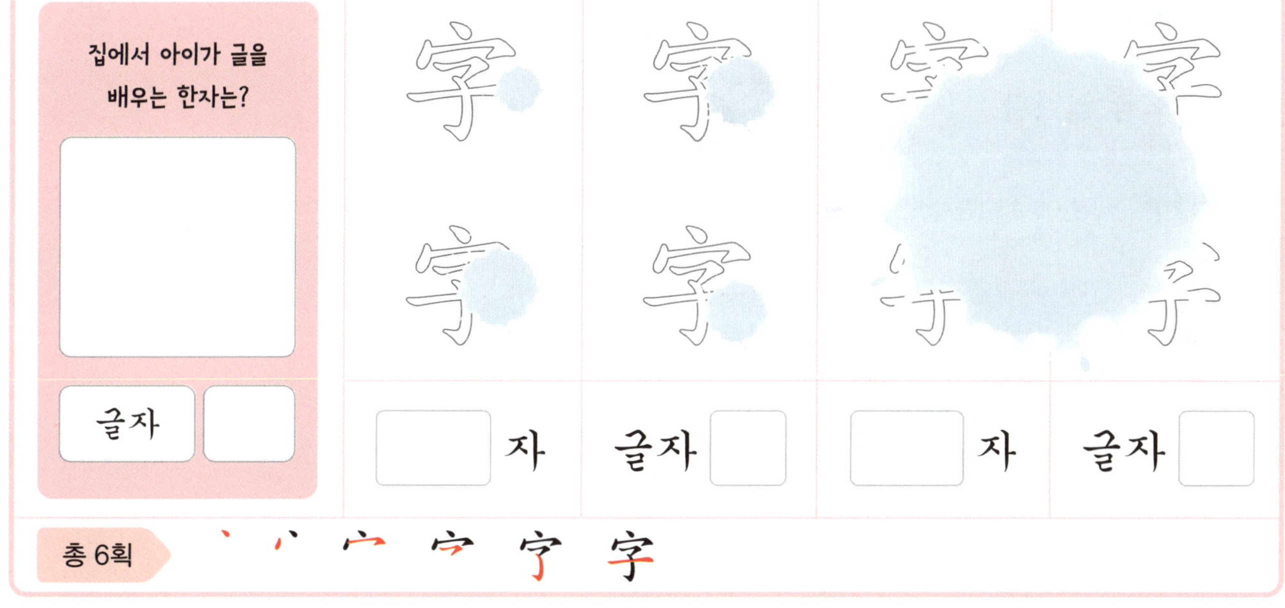

문장을 소리 내어 읽고 한자의 음을 쓰세요.

1 세종**大王**은 한글 **文字**를 창제했습니다.

세종 ☐☐ ☐☐

국어 4
2 엄마 손을 잡고 가면서 들었어요. **母子**가 보기 좋네요.

3 직지심체요절은 세계에서 가장 오래된, 금속**活字**로 인쇄된 책입니다.

금속 활 ☐

4 그는 어머니를 극진히 모시는 **孝子**입니다.

효 ☐

복습! 8급 한자 大(큰 대) 王(임금 왕)

밑줄 친 뜻에 해당하는 한자를 찾거나, 음에 해당하는 한자어를 〈보기〉에서 찾아보세요.

〈보기〉 ① 子   ② 字   ③ 孝子   ④ 活字   ⑤ 母子

1. 금속활자가 발명되어 인쇄술이 발달하였습니다. __________

2. 아들은 지혜로운 노인을 찾아갔습니다. __________

3. 동생에게 글자를 가르쳐 주었습니다. __________

4. 호랑이도 효자의 정성에 감복했습니다. __________

정답 **1** 대왕, 문자 **2** 모자 **3** 활자 **4** 효자 │ 1. ④ 2. ① 3. ② 4. ③

08 지팡이 짚고 쉬는 늙을 老, 아버지 업은 효도 孝

늙을 로

효도 효

'늙을 로'는 나이 든 사람이 지팡이를 짚고
가다가 앉아 쉬는 모습이에요.

'효도 효'는 아들이 늙은 아버지를
업고 모시며 효도하는 모습이에요.

 풀이말을 큰 소리로 읽으며 획을 따라 쓰세요.

따라 써 봐!

풀이말	팔 들고	지팡이 짚고	앉아 쉬는 늙은 사람	늙을 로	늙을

풀이말	늙은 아버지를	아들이 업고 모시는	효도 효	효도

도움말 老(늙을 로)와 孝(효도 효)에서 土는 팔을 들고 있는 사람을 나타내요. 老가 낱말의 처음에 오면 老母(노모)처럼 '노'로 읽어요.

필순 老에서 匕는 ´을 먼저 써요.

반의어 老(늙을 로) ↔ 少(젊을 / 적을 소)

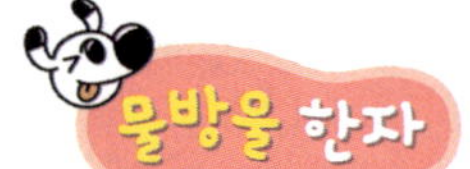

물방울 한자 물방울 ( )에 가려진 한자를 필순에 맞게 쓰고, 빈칸에 훈과 음을 쓰세요.

지팡이 짚고 가다가 앉아 쉬는 한자는?

老 老 老 老
老 老 老 老

늙을 [ ]

[ ] 로 | 늙을 [ ] | [ ] 로 | 늙을 [ ]

총 6획 一 十 土 耂 耂 老

늙은 아버지를 아들이 업고 모시는 한자는?

孝 孝 孝 孝
孝 孝 孝 孝

효도 [ ]

[ ] 효 | 효도 [ ] | [ ] 효 | 효도 [ ]

총 7획 一 十 土 耂 耂 孝 孝

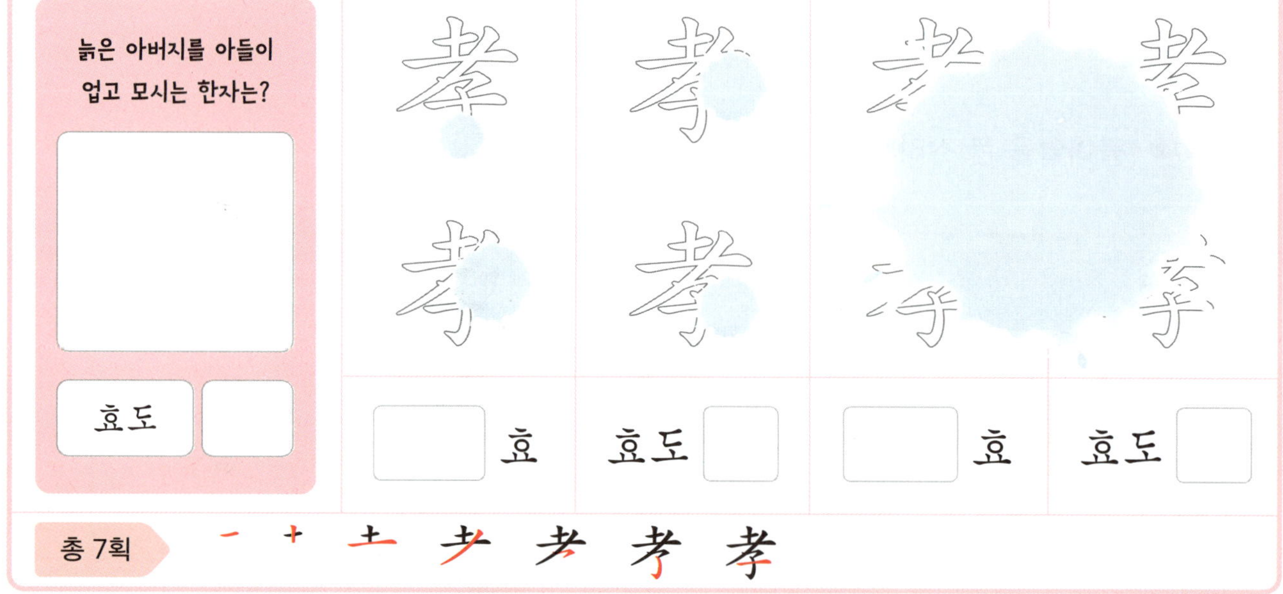

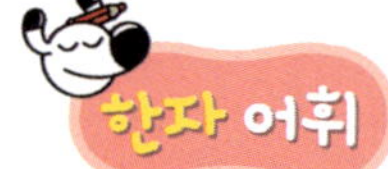

한자 어휘 한자의 음을 쓰세요.

1. 늙으신 어머니 老母 [ ]
2. 부모를 섬기는 도리 孝道 [도]
3. 늙은이와 젊은이 老少 [소]
4. 부모를 섬기는 마음 孝心 [심]

예습! 7급 한자 道(길 도) 少(젊을/적을 소) 心(마음 심) **복습!** 8급 한자 母(어미 모)

1 수재민 돕기 모금에 남녀 **老少** 모두 참여했습니다.

남녀 ☐ 소

2 부모님의 마음을 편히 해 드리는 것이 **孝道**입니다.

☐ 도

3 그 젊은이는 **老母**를 위해 산삼을 찾아다녔습니다.

☐ ☐

4 어린 심청은 아버지에 대한 **孝心**이 지극했습니다.

☐ 심

밑줄 친 뜻에 해당하는 한자를 찾거나, 음에 해당하는 한자어를 〈보기〉에서 찾아보세요.

〈보기〉　① 老　② 文字　③ 老少　④ 孝心　⑤ 孝道

1. 노소를 막론하고 누구나 할 수 있는 운동입니다. ________

2. 사람들은 어린 지희의 효심에 탄복합니다. ________

3. 학교에서 효도에 대한 토론이 있었습니다. ________

4. 내가 늙고 힘이 없어 그런다네. ________

집에 여자가 편히 편안 安, 여자가 아이를 낳아 성 姓

편안 안

성 성

'편안 안'은 집 안에 여자가
편히 있는 모습을 그렸어요.

'성 성'은 여자가 새싹같은 아이를 낳아
한 집안의 대를 잇는 모습이에요.
'강', '김', '박' 등 성씨를 가리켜요.

풀이말을 큰 소리로 읽으며 획을 따라 쓰세요.

따라 써 봐!

安　　安　　安　　　　安

 집 안에　　여자가　　편히 있으니　　편안 안　　편안 ☐

姓　　姓　　姓　　　　姓

 여자가　　아이를 낳아　　대를 이은　　성 성　　성 ☐

도움말 安에서 위 宀은 지붕과 벽을 그린 '집 면'이에요. 姓에서 生은 새싹(屮)이 흙(土)에서 삐죽 돋아나오는 '날 생'이에요.

필순 安에서 女는 가로획 ㅡ을 맨 나중에 써요.

 물방울 🔵 에 가려진 한자를 필순에 맞게 쓰고, 빈칸에 훈과 음을 쓰세요.

집 안에 여자가 편히 있는 모습의 한자는?

편안

□ 안 편안 □ □ 안 편안 □

총 6획 ` ` ` ⌐ 安 安 安

여자가 아이를 낳아 대를 잇는 한자는?

성

□ 성 성 □ □ 성 성 □

총 8획 ｌ ｊ 女 女 女 女 姓 姓

한자의 음을 쓰세요.

1 모두 편안함 **安全** [전   ]

2 여러 성씨의 국민 **百姓** [백   ]

3 마음이 편안함 **安心** [심   ]

4 성씨와 이름 **姓名** [명   ]

예습! 7급 한자 全(온전 전) 百(일백 백) 心(마음 심) 名(이름 명)

한자의 음을 써 봐!

국어 4
1 정약용은 어릴 때부터 **百姓**의 삶을
가까이서 지켜볼 수 있었어요.

백

체육 3
2 **安全** 수칙을 확인하고
安全하게 물에 들어가 봅시다.

전

3 문단속을 마친 후 **安心**하고
잠이 들었습니다.

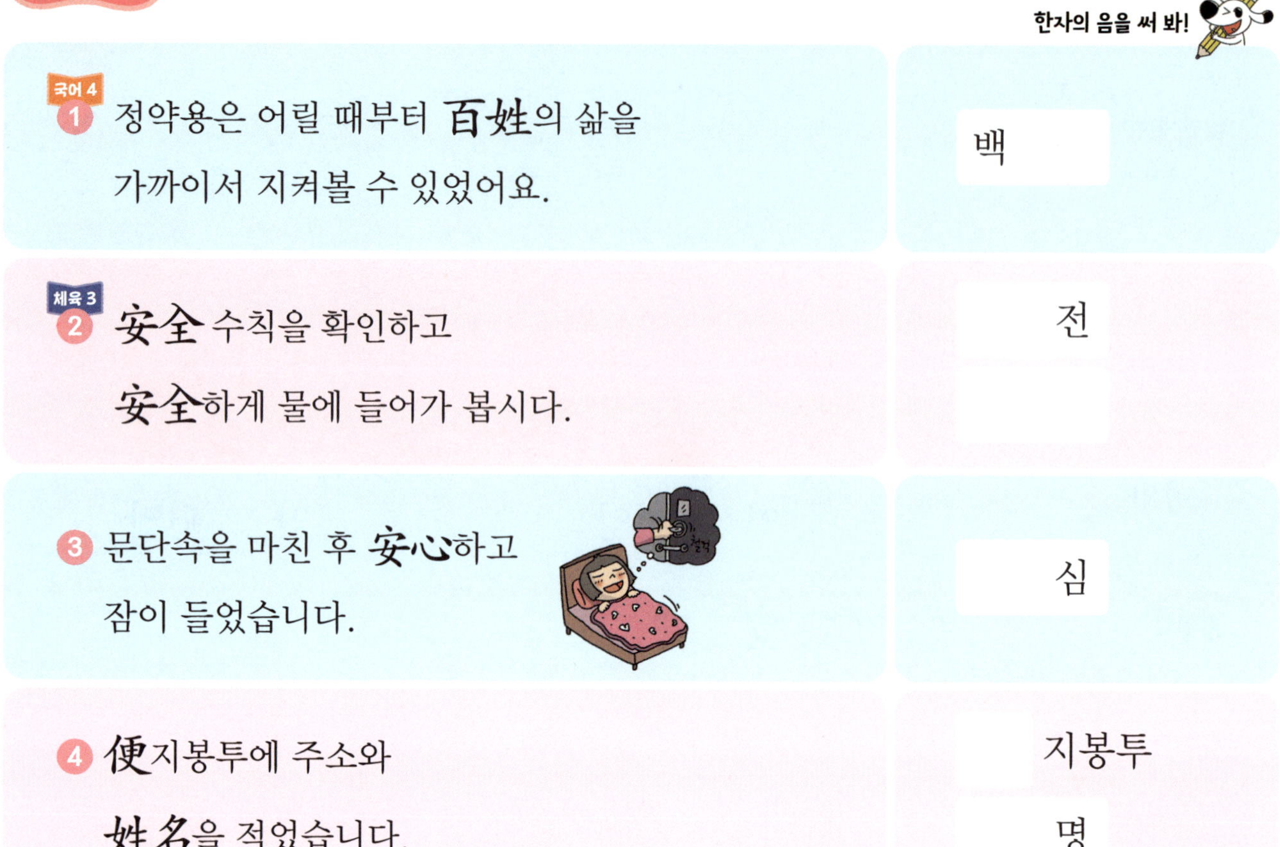

심

4 **便**지봉투에 주소와
姓名을 적었습니다.

지봉투

명

도전!
7급
시험

밑줄 친 뜻에 해당하는 한자를 찾거나, 음에 해당하는 한자어를 <보기>에서
찾아보세요.

<보기>   ① **安全**   ② **百姓**   ③ **安心**   ④ **姓名**   ⑤ **姓**

1. 위험한 고비는 넘겼으니 안심하세요.   ________

2. 가스는 정기적으로 안전 검사를 해야 합니다.   ________

3. 교과서에 자기 성명을 기입하세요.   ________

4. 백성의 마음을 민심이라고 부릅니다.   ________

   정답 ❶ 백성 ❷ 안전, 안전 ❸ 안심 ❹ 편, 성명 | 1. ③ 2. ① 3. ④ 4. ②

10 어머니가 젖 먹이는 매양 每, 물이 때마다 오가는 바다 海

每

매양 매

海

바다 해

'매양 매'는 고개를 숙이고 어머니가 매일
아이에게 젖을 먹이는 모습이에요.

'바다 해'는 밀물과 썰물이 매양(때마다)
밀려왔다 쓸려나가는 바다를 가리켜요.

풀이말 풀이말을 큰 소리로 읽으며 획을 따라 쓰세요.

따라 써 봐!

풀이말 고개 숙이고	어머니가 때마다 젖을 먹이는	매양 매	매양

풀이말 물이	때마다 오가는	바다 해	바다

도움말 每(매양 매)에서 매양은 '매 때마다'라는 뜻이에요. 每에서 ㅗ는 고개 숙인 모습이고 母는 '어미 모'예요.

필순 每에서 母는 ㄴ → ㄱ → 두 점 → ─ 순서로 써요.

반의어 父(아비 부) ↔ 母(어미 모)

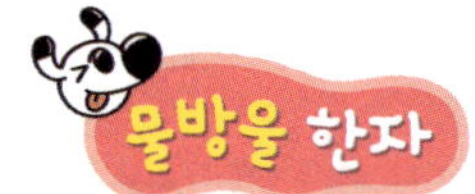

물방울 한자 물방울 에 가려진 한자를 필순에 맞게 쓰고, 빈칸에 훈과 음을 쓰세요.

고개 숙이고 어머니가 매일 젓 먹이는 한자는?

每	每	每	每
每	每	每	每
매	매양	매	매양

매양 [ ]

총 7획 丿 𠂉 𠂉 𠂉 𠂉 每 每

물이 때마다 오가는 한자는?

海	海	海	海
海	海	海	海
해	바다	해	바다

바다 [ ]

총 10획 丶 丶 氵 氵 氵 氵 海 海 海 海

한자 어휘 한자의 음을 쓰세요.

1. 하나하나 일마다 每事 [사]
2. 바다의 동·식물 海物 [물]
3. 매 시간마다 每時 [시]
4. 바다 위 海上 [상]

예습! 7급 한자 事(일 사) 物(물건 물) 時(때 시) 上(윗 상)

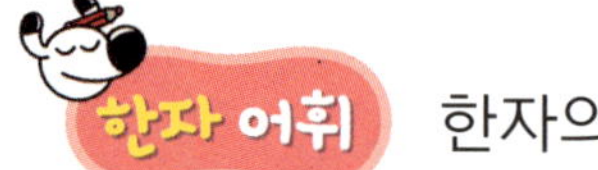

한자의 음을 써 봐!

과학 4

1 한려 海上 국립 공원은
생태계 보호 구역입니다.

상

2 온갖 海物을 넣고 매운탕을
끓여 먹었습니다.

물

3 의사는 每時 나의 맥박을
쟀습니다.

시

4 아버지는 每事를 신중히
처리하라고 말씀하십니다.

사

도전! 7급 시험

밑줄 친 뜻에 해당하는 한자를 찾거나, 음에 해당하는 한자어를 〈보기〉에서
찾아보세요.

〈보기〉 ① 每事   ② 海   ③ 每時   ④ 海上   ⑤ 每

1. 내가 아침마다 사람들을 깨워주는 거야. ________

2. 현주는 매사에 긍정적으로 생각합니다. ________

3. 전 해상에 폭풍 경보가 발효 중입니다. ________

4. 바다로 떠난 여행은 신나는 경험이었습니다. ________

11 제사 지내는 할아비 祖, 입 벌린 지아비 땅 한수 漢

할아비 조

한수 한

'할아비 조'는 제단과 음식을 쌓은 모양이에요. 제단에 음식을 쌓고 제사를 지내는 '할아버지'를 가리켜요.

'한수 한'은 물가에서 스무 번 입을 벌리며 지아비가 힘들게 일하는 땅을 그렸어요.

풀이말 풀이말을 큰 소리로 읽으며 획을 따라 쓰세요.

따라 써 봐!

祖	祖	祖	祖	祖
풀이말 제단에	음식 쌓고	제사 지내는	할아비 조	할아비 ☐

一 十 卄 廿

漢	漢	漢	漢	漢
풀이말 물가에서	스무 번 입 벌리며	지아비가 힘들게 일하는 땅	한수 한	한수 ☐

도움말 漢(한수 한)에서 廿은 十을 두 번 더한 廿(스물 입)이에요. 그래서 漢은 氵(물 수) + 廿(스물 입) + 口(입 구) + 夫(지아비 부)로 만들어진 글자예요. 漢(한)은 한나라 한이라는 훈음도 있어요.

물방울 한자 물방울 ⬤에 가려진 한자를 필순에 맞게 쓰고, 빈칸에 훈과 음을 쓰세요.

제단에 음식을 쌓고 제사 지내는 한자는? 할아비	祖 / 祖	祖 / 祖	祖 / 祖	祖 / 祖
	☐ 조 할아비 ☐		☐ 조 할아비 ☐	

총 10획 一 二 〒 〒 示 示 祖 祖 祖 祖

물가에서 지아비가 힘들게 일하는 한자는? 한수	漢 / 漢	漢 / 漢	漢 / 漢	漢 / 漢
	☐ 한 한수 ☐		☐ 한 한수 ☐	

총 14획 丶 丶 氵 氵 汁 汁 漢 漢 漢 漢 漢 漢 漢 漢

한자 어휘 한자의 음을 쓰세요.

1. 할아버지 웃어른 **祖上** ☐상
2. 서울을 흐르는 **漢江** ☐강
3. 윗대 조상 **先祖** ☐
4. 한자로 쓴 글 **漢文** ☐

예습! 7급 한자 上(윗 상) 江(강 강)   복습! 8급 한자 先(먼저 선)

문장을 소리 내어 읽고 한자의 음을 쓰세요.

한자의 음을 써 봐!

① 반포 **漢江** 공원 서래섬은
유채꽃이 아름답습니다.

강

② 우리 **祖上** 들은 아주 오래전부터
옹기를 사용해 왔습니다.

상

③ 이 땅에는 **先祖** 들이 남긴
귀중한 유산이 많이 있습니다.

④ 김시습이 지은 '금오신화'는
조선 최초의 **漢文** 소설입니다.

밑줄 친 뜻에 해당하는 한자를 찾거나, 음에 해당하는 한자어를 〈보기〉에서 찾아보세요.

| 〈보기〉 | ① 漢 | ② 漢江 | ③ 祖 | ④ 漢文 | ⑤ 祖上 |

1. 옹기 <u>할아버지</u>께서 만들어 주신 마을이야. ________

2. 이 물건은 <u>조상</u> 대대로 내려온 것입니다. ________

3. '금오신화'는 <u>한문</u>으로 된 소설입니다. ________

4. 해가 <u>한강</u> 다리 위로 넘어갑니다. ________

정답 **①** 한강 **②** 조상 **③** 선조 **④** 한문 | 1. ③ 2. ⑤ 3. ④ 4. ②

 빈칸에 알맞은 한자와 훈음을 쓰세요.

字

祖

편안 안

海

성 성

매양 매

漢

姓

子

孝

할아비 조

老

安

효도 효

每

<보기> 子 字 老 孝 安 姓 每 海 祖 漢

① 세종대왕께서 한글 문 □ 를 창제하셨습니다.

② □ 물을 넣고 매운탕을 끓여 먹었습니다.

③ □ 전 수칙을 확인하고 물에 들어갑시다.

④ 이 땅에는 □ 상들이 남긴 귀중한 유산이 많이 있습니다.

⑤ 수재민 돕기 모금에 남녀 □ 소 모두 참여했습니다.

⑥ 편지봉투에 주소와 □ 명을 적었습니다.

⑦ 부모님의 마음을 편히 해드리는 것이 □ 도입니다.

⑧ 반포 □ 강 공원 서래섬은 유채꽃이 아름답습니다.

⑨ 그는 어머니를 극진히 모시는 효 □ 입니다.

⑩ 의사는 □ 시 나의 맥박을 쟀습니다.

7급 급수 시험 예상 문제

[1~8] 다음 한자어의 음(音: 소리)을 쓰세요.

<보기>　　漢字　→　한자

1. 安全^전 검사를 해야 합니다.

____

2. 서류에 姓名^명을 적고 날인하시오.

____

3. 그는 孝子로 알려져 있습니다.

____

4. 저는 孝道^도 한 번 못한 불효자입니다.

____

5. 先祖가 남긴 훌륭한 유산이 많습니다.

____

6. 漢江^강 다리를 건너고 있습니다.

____

7. 老母를 위해 산삼을 찾아다녔습니다.

____

8. 현주는 每事^사에 긍정적입니다.

____

[9~12] 다음 한자의 훈(訓: 뜻)과 음(音: 소리)을 쓰세요.

<보기>　　字　→　글자 자

9. 姓　___________

10. 每　___________

11. 孝　___________

12. 安　___________

[13~14] 다음 한자의 상대 또는 반대되는 한자를 <보기>에서 골라 그 번호를 쓰세요.

<보기>　　① 少　　② 水　　③ 女

13. 子 ↔ (　　)

14. 老 ↔ (　　)

[15~16] 다음 뜻에 맞는 한자어를 <보기>에서 찾아 그 번호를 쓰세요.

<보기>　　① 姓名　　② 老少
　　　　　　③ 安心　　④ 祖上

15. 마음이 편안함　___________

16. 늙은이와 젊은이　___________

• 名(이름 명) 少(적을 / 젊을 소) 心(마음 심)

[17~18] 다음 한자의 진하게 표시한 획은 몇 번째 쓰는지 <보기>에서 찾아 그 번호를 쓰세요.

<보기>
③ 세 번째　　④ 네 번째
⑤ 다섯 번째　　⑥ 여섯 번째
⑦ 일곱 번째　　⑧ 여덟 번째

17.  每 ___________　18. 安 ___________

13 둥근 입 입 口, 문 앞에서 입 열고 묻는 물을 問

입 구

물을 문

'입 구'는 입 모양을 그렸어요.
둥근 입을 네모로 그렸네요.

'물을 문'은 문 앞에서 입을 열고
누가 안에 있는지 물어보는 모습이에요.

풀이말을 큰 소리로 읽으며 획을 따라 쓰세요.

따라 써 봐!

풀이말   둥근   입   입 구   입

풀이말   문 앞에서   입 열고 묻는   물을 문   물을

도움말 門은 문짝 두 개를 그린 '문 문'이에요. 《바빠 초등 8급 한자》를 참고하세요. 門은 왼쪽부터 ㅣ(길게 내리긋고) → ㄱ(기역) → 二(두 이)로 써요. 오른쪽은 ㅣ(짧게 긋고) → ㄱ(세로가 긴 기역) → 二(두 이)로 써요.

반의어 問(물을 문) ↔ 答(대답 답)

 **물방울 한자** 물방울 ⬤ 에 가려진 한자를 필순에 맞게 쓰고, 빈칸에 훈과 음을 쓰세요.

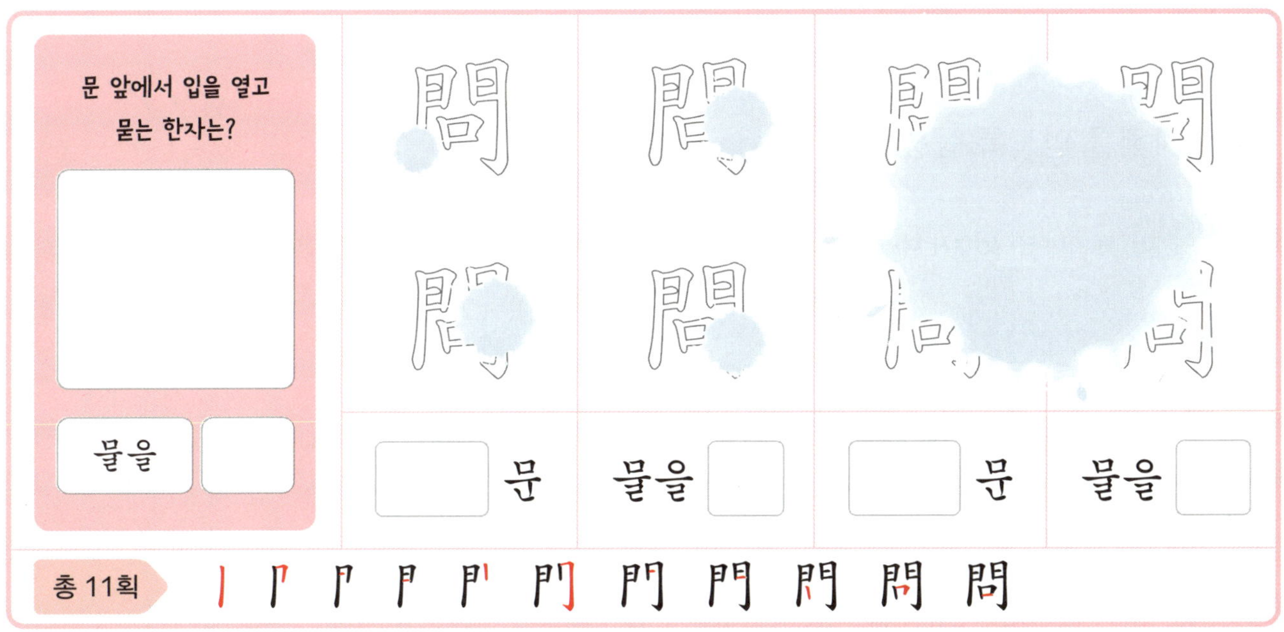

 **한자 어휘** 한자의 음을 쓰세요.

1 나가는 곳 **出口**　출 □　　**2** 서로 묻고 대답함 **問答**　□ 답

3 함께 밥 먹는 **食口**　식 □　　**4** 묻지 않음 **不問**　불 □

예습! 7급 한자 出(날 출) 答(대답 답) 食(먹을 / 밥 식) 不(아닐 불)

49

문장을 소리 내어 읽고 한자의 음을 쓰세요.

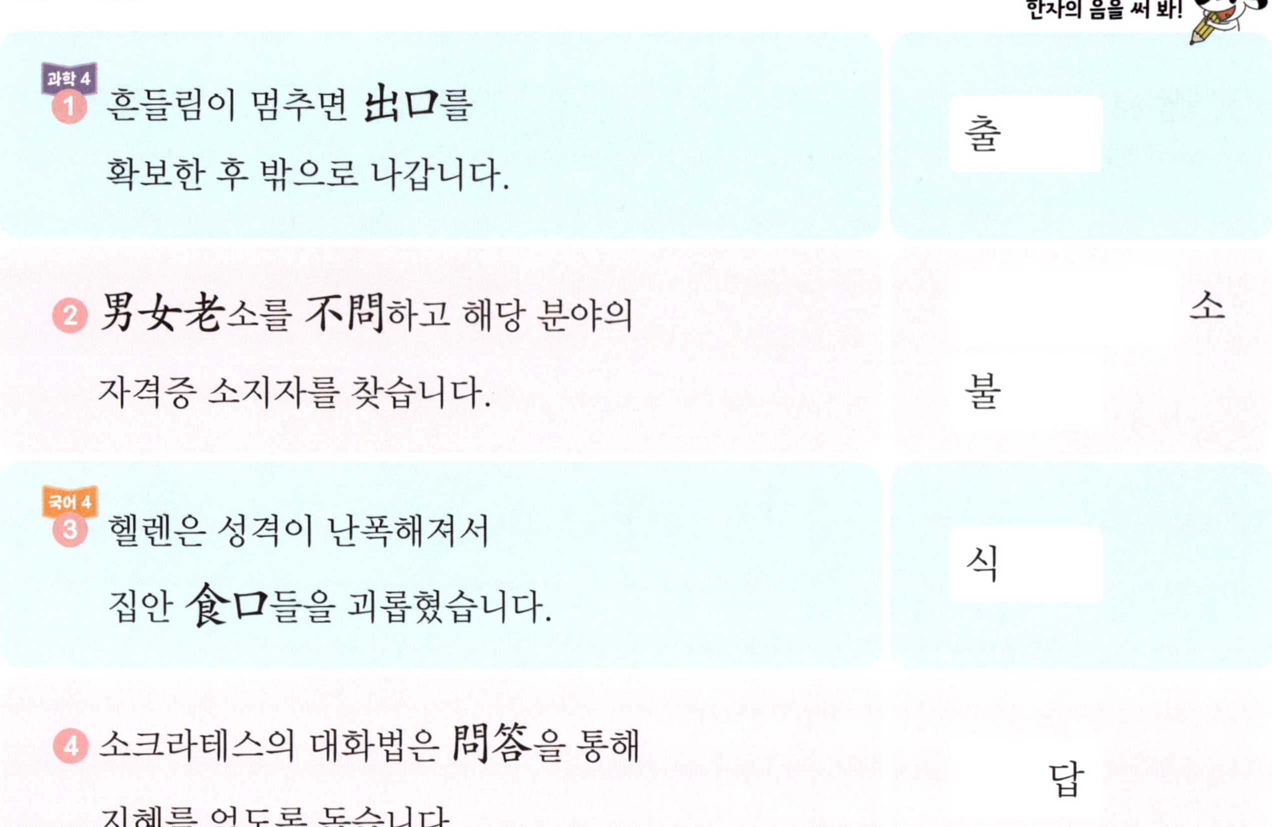

과학 4
1 흔들림이 멈추면 **出口**를
확보한 후 밖으로 나갑니다.

출 ______

2 **男女老**소를 **不問**하고 해당 분야의
자격증 소지자를 찾습니다.

소

불

국어 4
3 헬렌은 성격이 난폭해져서
집안 **食口**들을 괴롭혔습니다.

식 ______

4 소크라테스의 대화법은 **問答**을 통해
지혜를 얻도록 돕습니다.

답

복습! 8급 한자   男(사내 남) 女(여자 녀)

밑줄 친 뜻에 해당하는 한자를 찾거나, 음에 해당하는 한자어를 〈보기〉에서
찾아보세요.

〈보기〉   ① 口   ② 問   ③ 食口   ④ 問答   ⑤ 不問

1. 청바지는 남녀노소를 불문하고 입습니다.   ______

2. 우리 다섯 식구는 그런대로 단란하게 살았습니다.   ______

3. 그리고 고기를 입으로 가져갔습니다.   ______

4. 쓰레기를 분류하고 물음에 답을 하세요.   ______

정답 **1** 출구 **2** 남녀노, 불문 **3** 식구 **4** 문답 | 1. ⑤ 2. ③ 3. ① 4. ②

14 허리 굽혀 바치는 목숨 命, "옳다!" 소리치는 노래 歌

목숨 명

노래 가

'목숨 명'은 지붕 아래 입을 벌리고
허리를 굽힌 사람을 그렸어요. 아랫사람에게
목숨바쳐 일하라고 명령하는 글자예요.

'노래 가'는 "옳다(可)! 옳다(可)!"
소리치며 턱을 벌리고 노래하는
사람의 모습이에요.

 풀이말을 큰 소리로 읽으며 획을 따라 쓰세요.

따라 써 봐!

지붕 아래	입을 벌리고 허리를 굽히며	명령에 목숨 바치는	목숨 명	목숨 ☐

"옳다! 옳다!" 소리치며	턱을 벌리고	노래하는	노래 가	노래 ☐

도움말 歌의 可(옳을 가)는 막대기에 보따리를 메고 옳다고 소리치는 모습이에요. 또 歌의 欠(하품 흠)은 턱을 벌리고 하품하는 사람을 나타냈어요.

물방울 ● 에 가려진 한자를 필순에 맞게 쓰고, 빈칸에 훈과 음을 쓰세요.

지붕 아래 입을 벌리고 허리를 굽힌 한자는?	命 命	命 命	命 命
목숨	□ 명	목숨 □	□ 명	목숨 □

총 8획 ▷ ノ 人 人 𠆢 𠆢 仝 命 命 命

"옳다! 옳다!" 소리치는 한자는?	歌 歌	歌 歌	歌 歌
노래	□ 가	노래 □	□ 가	노래 □

총 14획 ▷ 一 丁 可 可 可 哥 哥 哥 哥 哥 歌 歌 歌 歌

 한자 어휘   한자의 음을 쓰세요.

❶ 살아 있게 하는 힘 **生命**   ❷ 노래 부르는 사람 **歌手**   수

❸ 임금의 명령 **王命**   ❹ 학교 대표 노래 **校歌**

예습! 7급 한자 手(손 수)   복습! 8급 한자 生(날 생) 王(임금 왕) 校(학교 교)

 문장을 소리 내어 읽고 한자의 음을 쓰세요.

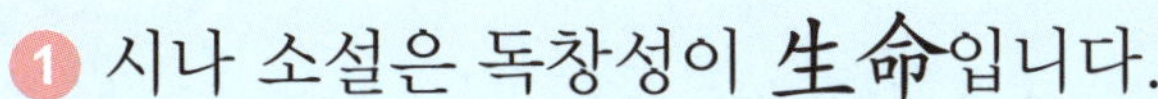

① 시나 소설은 독창성이 **生命**입니다.

② 경기에 이긴 **學生**들은
목청껏 **校歌**를 불렀습니다.

③ 암행어사는 **王命**을 받들어
지방의 **民**정을 살핍니다.

정

④ 그는 노래를 좋아해
아이돌 **歌手**가 되었습니다.

수

복습! 8급 한자 學(배울 학) 民(백성 민)

밑줄 친 뜻에 해당하는 한자를 찾거나, 음에 해당하는 한자어를 〈보기〉에서
찾아보세요.

〈보기〉   ① 校歌   ② 歌手   ③ 命   ④ 歌   ⑤ 生命

1. 떡을 줄 테니 제발 <u>목숨</u>만 살려주세요. _________

2. 그녀는 세계를 무대로 활동하는 <u>가수</u>입니다. _________

3. 사람의 <u>생명</u>보다 귀한 것이 또 있을까? _________

4. 수탉은 지붕에서 <u>노래</u>를 불렀어요. _________

대나무에 구멍이 한곳으로 뚫린 한가지 同, 물이 한곳에 모이는 골 洞

同

한가지 동

洞

골 동

'한가지 동'은 대나무 마디의 막힌 곳이 뚫려 한곳으로 통하는 모양이에요.

'골 동'은 산에서 물이 한곳에 모이는 산골짜기를 그렸어요.

풀이말 풀이말을 큰 소리로 읽으며 획을 따라 쓰세요.

따라 써 봐!

도움말 同(한가지 동)은 '같을 동'이라고도 해요. 洞(골 동)에서 골은 골짜기의 준말이에요. 삼성동(洞), 목동(洞)처럼 마을이라는 뜻으로 많이 써요.

물방울 한자

물방울 에 가려진 한자를 필순에 맞게 쓰고, 빈칸에 훈과 음을 쓰세요.

대나무에 구멍이 한곳으로 뚫린 한자는?

한가지 □

同 同 同 同 同 同 同 同

□ 동 한가지 □ □ 동 한가지 □

총 6획 丨 冂 冂 同 同 同

물이 흘러 한곳에 모이는 한자는?

골 □

洞 洞 洞 洞 洞 洞 洞 洞

□ 동 골 □ □ 동 골 □

총 9획 丶 丶 氵 氵 汀 洞 洞 洞 洞

한자 어휘

한자의 음을 쓰세요.

1 같은 때 同時 [　시]

2 동네 어귀 洞口 [　　]

3 같은 이름 同名 [　명]

4 마을 洞里 [　리]

예습! 7급 한자 時(때 시) 名(이름 명) 里(마을 리)

한자의 음을 써 봐!

❶ **洞口** 밖 과수원 길 아카시아 꽃이 활짝 폈네.		
_{과학 4} ❷ 다누리는 지구와 달이 **同時**에 보이는 사진을 찍었습니다.	시
❸ **洞里** 꼬마들이 썰매를 타고 있습니다.	리
❹ 우리 반에는 나와 **同名**인 친구가 있습니다. 	명

밑줄 친 뜻에 해당하는 한자를 찾거나, 음에 해당하는 한자어를 〈보기〉에서 찾아보세요.

〈보기〉	① **同時**	② **洞口**	③ **同名**	④ **同**	⑤ **洞里**

1. 친구를 배웅하러 <u>동구</u> 밖까지 나갔습니다. ________

2. 온 <u>동리</u> 사람들이 모두 모여들었습니다. ________

3. 그는 농부인 <u>동시</u>에 시인입니다. ________

4. <u>같은</u> 모양끼리 분류해 보세요. ________

정답 ❶ 동구 ❷ 동시 ❸ 동리 ❹ 동명 | 1. ② 2. ⑤ 3. ① 4. ④

16 물이 혀에 닿아 살 活, 혀를 날름거리며 말씀 話

살 활

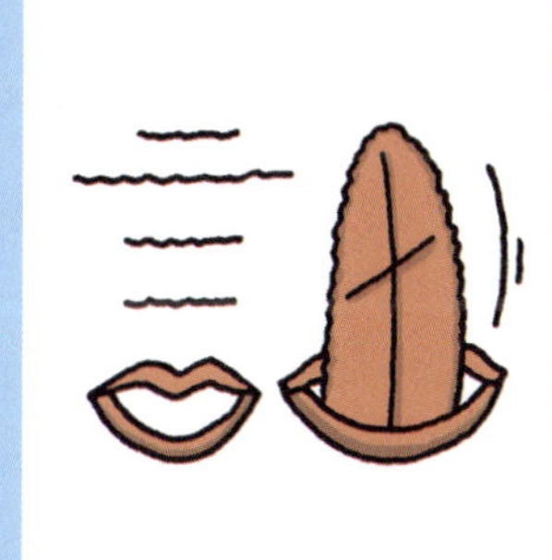

말씀 화

'살 활'은 물이 혀에 닿아
혀가 살아 움직이는 모양이에요.

'말씀 화'는 혀를 날름거리며
재미있게 말하는 모양이에요.

 풀이말을 큰 소리로 읽으며 획을 따라 쓰세요.

따라 써 봐!

活	活	活		活
 물이	혀에 닿아	살아나는	살 활	살 ☐

話	話	話		話
풀이말 말을	혀를 날름거려	재미있게 말하는	말씀 화	말씀 ☐

도움말 活과 話의 舌은 혀가 이리저리(千) 입(口)에서 움직이는 '혀 설'이에요. 話의 言은 말이 여러 번(二二) 입(口)에서 나오는 '말씀 언'이에요.

 물방울 에 가려진 한자를 필순에 맞게 쓰고, 빈칸에 훈과 음을 쓰세요.

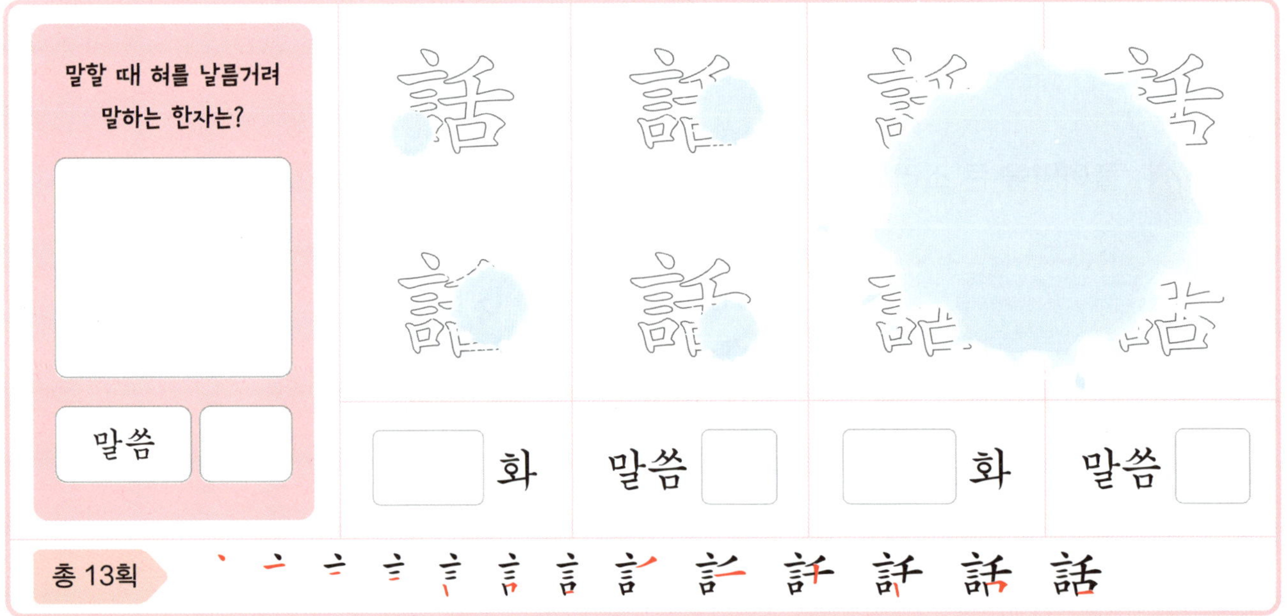

 **한자 어휘** 한자의 음을 쓰세요.

❶ 살아 움직임 **活動** 〔　　동〕

❷ 전화기로 이야기함 **電話** 〔전　　〕

❸ 살아있는 기운 **活氣** 〔　　기〕

❹ 손짓으로 이야기함 **手話** 〔수　　〕

예습! 7급 한자   動(움직일 동) 電(번개 전) 氣(기운 기) 手(손 수)

한자의 음을 써 봐!

과학 3
1 물체를 밀거나 당기는 **活動**에
적극적으로 참여했어요.

동

2 말을 못하는 사람들은 **手話**로
자신의 생각을 표현합니다.

수

국어 3
3 신난 마음을 담아 **活氣**찬
목소리로 읽어야겠어.

기

국어 3
4 친구가 자신이 할 말만 하고 **電話**를
끊어서 당황한 적이 있어.

전

밑줄 친 뜻에 해당하는 한자를 찾거나, 음에 해당하는 한자어를 <보기>에서
찾아보세요.

<보기>　① 活動　② 電話　③ 活氣　④ 活　⑤ 話

1. 경기가 회복되어 수출이 <u>활기</u>를 띱니다. 　________

2. 봉사<u>활동</u>을 무슨 요일에 할까요? 　________

3. 갑자기 휴대<u>전화</u>가 고장났습니다. 　________

4. 느낌을 살려 <u>이야기</u>를 읽어 봅시다. 　________

나에 대해 말하는 말씀 語, 말을 몸 엎드려 기록할 記

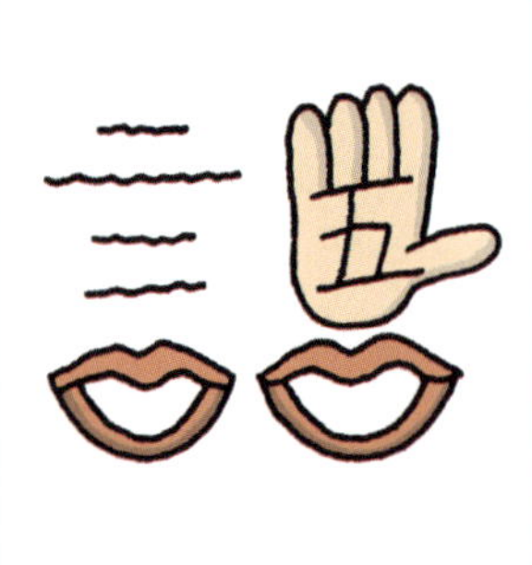 

말씀 어

'말씀 어'는 말할 때 손바닥으로 나의 가슴을
치며 나에 대해 말하는 모습이에요.

기록할 기

'기록할 기'는 다른 사람의 말을 들으며
몸을 엎드려 기록하는 모습이에요.

 **풀이말**

풀이말을 큰 소리로 읽으며 획을 따라 쓰세요.

따라 써 봐!

語	語	語	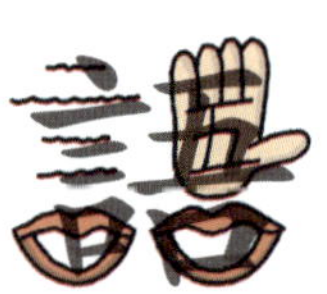	語
풀이말 말로	나에 대해	말하는	말씀 어	말씀 ☐

記	記	記		記
풀이말 말을	몸을 엎드려	기록하는	기록할 기	기록할 ☐

도움말 語의 춈는 다섯 손가락(五 다섯 오)을 펴고 가슴을 치며 입(口)으로 "나야!"라고 말하는 '나 오'예요. 記의 오른쪽 己는 엎드린 몸을 그린 '몸 기'예요.

물방울 🔵 에 가려진 한자를 필순에 맞게 쓰고, 빈칸에 훈과 음을 쓰세요.

말할 때 손바닥으로
나의 가슴을 치는 한자는?

| 말씀 | | |

語 語 語 語
語 語

| | 어 | 말씀 | | | 어 | 말씀 | |

총 14획　　`　二　三　言　言　言　言　訂　訝　語　語　語　語

다른 사람의 말을 들으며
엎드려 기록하는 한자는?

| 기록할 | | |

記 記 記 記
記 記

| | 기 | 기록할 | | | 기 | 기록할 | |

총 10획　　`　二　三　言　言　言　訂　記　記

한자의 음을 쓰세요.

❶ 생각을 전하는 말 **言語** 언 　❷ 신문에 기록한 사실 **記事** 사 

❸ 한 나라의 말 **國語** 　❹ 날마다 적은 기록 **日記**

예습! 6·7급 한자　言(말씀 언) 事(일 사)　　복습! 8급 한자　國(나라 국) 日(날 일)

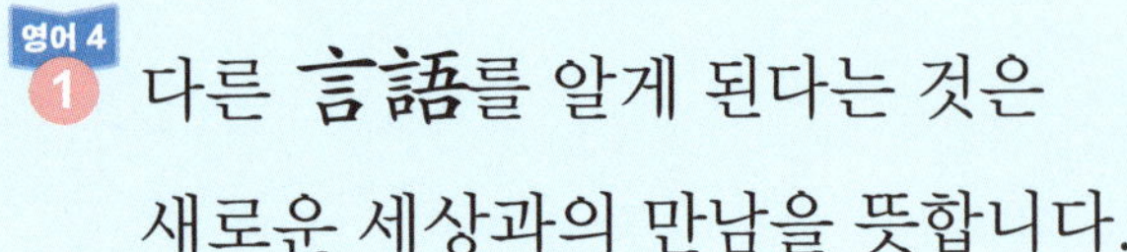
문장을 소리 내어 읽고 한자의 음을 쓰세요.

영어 4

1 다른 **言語**를 알게 된다는 것은
새로운 세상과의 만남을 뜻합니다.

언

2 자신이 썼던 **日記**나 글을
다시 읽어 봅시다.

3 그녀의 소설은 이십여 개 **國語**로
번역되었습니다.

4 우리 **學校**에 대한
記事가 신문에 실렸습니다.

사

복습! 8급 한자   學(배울 학) 校(학교 교)

밑줄 친 뜻에 해당하는 한자를 찾거나, 음에 해당하는 한자어를 〈보기〉에서
찾아보세요.

〈보기〉   ① 語   ② 記事   ③ 記   ④ 日記   ⑤ 國語

1. 삼촌은 중학교에서 <u>국어</u>를 가르치십니다.   __________

2. 나는 신문 <u>기사</u>를 오려 스크랩 했습니다.   __________

3. 기억에 남는 일을 <u>일기</u>에 씁니다.   __________

4. <u>소리</u>를 흉내내는 말이 있으면 재미있어요.   __________

   정답 **1** 언어 **2** 일기 **3** 국어 **4** 학교, 기사 | 1. ⑤ 2. ② 3. ④ 4. ①

 빈칸에 알맞은 한자와 훈음을 쓰세요.

活

洞

목숨 명

記

歌

노래 가

입 구

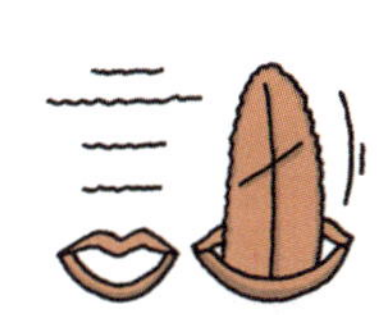
話

歌

問

語

골 동

同

命

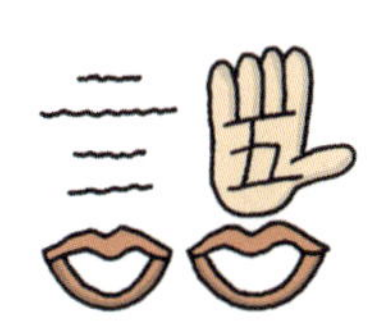
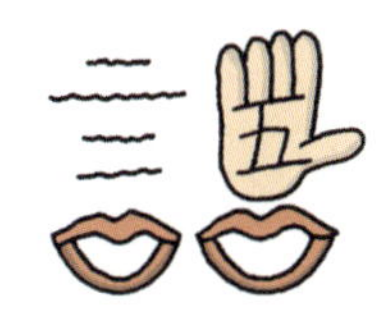

말씀 어

口

<보기> 口 問 命 歌 同 洞 活 話 語 記

1. 우리 반에는 나와 　 명인 친구가 있습니다.

2. 소크라테스의 대화법은 　 답을 통해 지혜를 얻도록 돕습니다.

3. 그는 노래를 좋아해 아이돌 　 수가 되었습니다.

4. 　 구 밖 과수원 길 아카시아 꽃이 활짝 폈네.

5. 친구가 자신이 할 말만 하고 전 　 를 끊어서 당황했어.

6. 왕 　 을 받들어 지방의 민정을 살핍니다.

7. 소설은 이십여 개 국 　 로 번역되었습니다.

8. 우리 학교에 대한 　 사가 신문에 실렸습니다.

9. 신난 마음을 담아 　 기찬 목소리로 읽어야겠어.

10. 흔들림이 멈추면 출 　 를 확보한 후 밖으로 나갑니다.

7급 급수 시험 예상 문제

[1~8] 다음 한자어의 음(音: 소리)을 쓰세요.

<보기> 漢字 → 한자

1. 민수는 농촌 活動^동을 계획 중입니다.
____

2. 電^전話가 걸려왔습니다.
____

3. 피서지를 소개한 記事^사가 나왔습니다.
____

4. 그녀는 세계적인 歌手^수입니다.
____

5. 암행어사는 王命을 받습니다.
____

6. 洞里^리 꼬마들은 썰매를 탑니다.
____

7. 시나 소설은 독창성이 生命입니다.
____

8. 두 영화가 同時^시에 개봉했습니다.
____

[9~12] 다음 한자의 훈(訓: 뜻)과 음(音: 소리)을 쓰세요.

<보기> 字 → 글자 자

9. 口 _______________

10. 語 _______________

11. 記 _______________

12. 問 _______________

[13~14] 다음 한자의 상대 또는 반대되는 한자를 <보기>에서 골라 그 번호를 쓰세요.

<보기> ① 王   ② 南   ③ 母

13. (   ) ↔ 北

14. 父 ↔ (   )

[15~16] 다음 뜻에 맞는 한자어를 <보기>에서 찾아 그 번호를 쓰세요.

<보기> ① 國語   ② 校歌
        ③ 生命   ④ 同名

15. 이름이 같음 _______________

16. 학교 노래 _______________

• 名(이름 명)

[17~18] 다음 한자의 진하게 표시한 획은 몇 번째 쓰는지 <보기>에서 찾아 그 번호를 쓰세요.

<보기> ⑥ 여섯 번째   ⑦ 일곱 번째
        ⑧ 여덟 번째   ⑨ 아홉 번째
        ⑩ 열 번째   ⑪ 열한 번째

17.  _______ 18.  _______

왼손을 눈에 대고 곧을 直, 나무를 곧게 심을 植

곧을 직

심을 식

'곧을 직'은 왼손을 눈에 대고 구석을
바라보며 곧은지 살피는 모습이에요.

'심을 식'은 나무(木)를 곧게(直) 세워
땅에 심는 모습이에요.

 풀이말을 큰 소리로 읽으며 획을 따라 쓰세요.

따라 써 봐!

왼손을	눈에 대고	곧은지 살피는	곧을 직	곧을 ▢

풀이말

나무를	곧게 세워 심는	심을 식	심을 ▢

풀이말

도움말 直(곧을 직)의 ナ은 左(왼 좌)의 일부로 왼손을 의미해요. 目은 눈과 눈동자를 세로로 그린 '눈 목'이고 아래 'ㄴ'은 창고나 집
의 똑바로 곧은 구석을 나타내요.

반의어 植物(식물) ↔ 動物(동물)

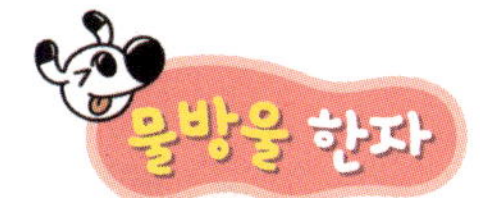

물방울 한자 물방울 ● 에 가려진 한자를 필순에 맞게 쓰고, 빈칸에 훈과 음을 쓰세요.

왼손을 눈에 대고 곧은지 살피는 한자는?

곧을 ( )	直	直	直	直
	( ) 직	곧을 ( )	( ) 직	곧을 ( )

총 8획 一 十 十 冇 冇 有 直 直

나무를 곧게 세워 땅에 심는 한자는?

심을 ( )	植	植	植	植
	( ) 식	심을 ( )	( ) 식	심을 ( )

총 12획 一 十 才 木 木 木 杧 柿 柿 植 植 植

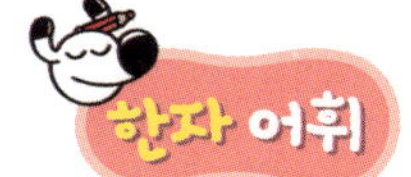

한자 어휘 한자의 음을 쓰세요.

1. 바르고 곧음 正直 정 ( )
2. 나무를 심음 植木 ( )
3. 꼿꼿이 바로 섬 直立 ( )
4. 땅에서 자라는 植物 ( ) 물

예습! 7급 한자 正(바를 정) 物(물건 물) 복습! 8급 한자 木(나무 목)

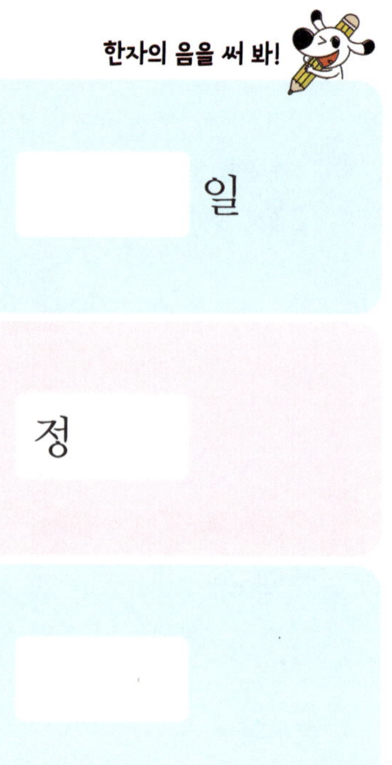

과학 4
1 우리나라는 5월 10일을
바다 **植木**일로 정했습니다.

일

2 아버지께서는 항상 **正直**하게
살라고 말씀하셨습니다.

정

3 사람은 **直立** 보행하는 동물로
두 발로 걸으며 생활합니다.

과학 3
4 **植物**은 종류에 따라 뿌리, 줄기,
잎 등의 생김새가 다양합니다.

물

밑줄 친 뜻에 해당하는 한자를 찾거나, 음에 해당하는 한자어를 <보기>에서
찾아보세요.

<보기>   ① 正直   ② 植木   ③ 植   ④ 植物   ⑤ 直

1. 매년 식목 행사를 하니 산이 더욱 푸릅니다. ________

2. 곤충과 식물에 대해 이야기해 봅시다. ________

3. 삼각형에서 곧은 선을 변이라고 합니다. ________

4. 정직한 사람이 결국 성공합니다. ________

정답 1 식목 2 정직 3 직립 4 식물 | 1. ② 2. ④ 3. ⑤ 4. ①

20 코를 가리키며 스스로 自, 이마, 얼굴, 코 낯 面

스스로 자

낯 면

'스스로 자'는 코를 그렸어요.
스스로 코를 가리키는 모양이에요.

'낯 면'은 이마부터 얼굴 한가운데
코까지 그린 모양이에요.

 풀이말을 큰 소리로 읽으며 획을 따라 쓰세요.

따라 써 봐!

콧부리부터 코 전체	콧등에 코끝	스스로 코를 가리키는	스스로 자	스스로 ☐

이마 아래	얼굴	코 있는	낯 면	낯 ☐

도움말 自(스스로 자)는 코를 스스로 가리키는 모양이에요. 다른 한자의 일부로 쓰일 때는 '코'의 뜻으로 해석돼요. 自(코 자)와 犬(개 견)을 더하면 臭(냄새 취)가 돼요. 面(낯 면)은 얼굴이 넓적한 데서 '넓적하다'는 뜻으로도 써요. 그래서 평면(平面)은 평평하고(平) 넓적한(面) 것을 가리켜요.

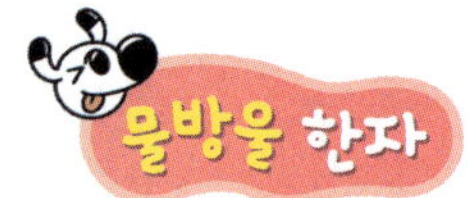

물방울 한자 물방울 에 가려진 한자를 필순에 맞게 쓰고, 빈칸에 훈과 음을 쓰세요.

스스로 코를 가리키는 한자는?

自	自	自	自
自	自	自	自
( ) 자	스스로 ( )	( ) 자	스스로 ( )

스스로 ( )

총 6획 ′ ′ 㐅 白 白 自

이마 아래 얼굴, 코를 그린 한자는?

面	面	面	面
面	面	面	面
( ) 면	낯 ( )	( ) 면	낯 ( )

낯 ( )

총 9획 一 ア 丆 丙 丙 而 而 而 面

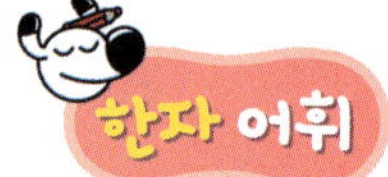

한자 어휘 한자의 음을 쓰세요.

1. 스스로 움직임 自動 (동)
2. 평평한 표면 平面 (평)
3. 스스로의 힘 自力 (력)
4. 똑바로 보이는 면 正面 (정)

예습! 7급 한자 動(움직일 동) 平(평평할 평) 力(힘 력) 正(바를 정)

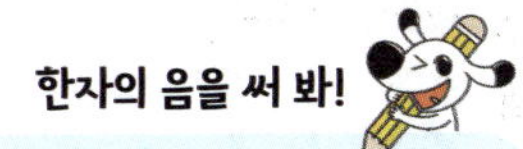

어휘 활용 문장을 소리 내어 읽고 한자의 음을 쓰세요.

수학 3

1 안전 체험관에서 다양한 **平面**도형을 찾아볼까요?

　　　　　도형

2 이 출入門은 自動으로 열리고 닫힙니다.

출

3 오빠는 학비를 自力으로 마련했습니다.

4 正面에 보이는 건물이 도서관입니다.

복습! 8급 한자　門(문 문)

밑줄 친 뜻에 해당하는 한자를 찾거나, 음에 해당하는 한자어를 〈보기〉에서 찾아보세요.

〈보기〉　① 自動　② 面　③ 自　④ 正面　⑤ 平面

1. 내 <u>얼굴</u> 좀 보세요. 까맣게 탔죠?　________

2. 로봇이 <u>자동</u>으로 움직입니다.　________

3. 겨울철 건강은 <u>스스로</u> 관리해요.　________

4. <u>정면</u>에서 갑자기 공이 날아왔습니다.　________

21 큰길을 달리는 길 道, 고기와 칼을 든 앞 前

길 도

'길 도'는 머리(首)를 들고 큰길(辶)을
당당히 달리는 모습이에요.

앞 전

'앞 전'은 머리카락 두 올 아래 고깃덩이와
칼이 '앞'을 향한 모습이에요.

 **풀이말** 풀이말을 큰 소리로 읽으며 획을 따라 쓰세요.

따라 써 봐!

道	道		道
머리를 들고	큰길을 달리는	길 도	길 ☐

前	前	前		前
머리털을 날리며	고깃덩이와 칼을 들고	앞으로 나아가는	앞 전	앞 ☐

도움말 道에서 首는 머리털(丷), 이마(一), 코(自)를 그린 '머리 수'에요. 또 辶은 큰 길(彳), 사람(亻), 발(足)을 그린 辵(큰길 달릴 착)의 줄임꼴이에요. 흔히 辶(착)을 책받침이라고 하는데 '착' 받침이 변한 말이에요.

반의어 前(앞 전) ↔ 後(뒤 후)

 **물방울 한자** 물방울 💧 에 가려진 한자를 필순에 맞게 쓰고, 빈칸에 훈과 음을 쓰세요.

머리를 들고 큰길을 당당히 달리는 한자는?

길	

道 道 道 道
道 道 道 道

| | 도 | 길 | | | 도 | 길 | |

총 13획　`丶　丷　丷　丷　丷　首　首　首　首　道　道　道`

머리털 아래 고깃덩이와 칼을 그린 한자는?

앞	

前 前 前 前
前 前 前 前

| | 전 | 앞 | | | 전 | 앞 | |

총 9획　`丶　丷　丷　丷　前　前　前　前　前`

 **한자 어휘** 한자의 음을 쓰세요.

❶ 차가 다니는 길 **車道**　차

❷ 앞쪽 **前方**　방

❸ 어떤 도의 구역 안 **道內**

❹ 앞뒤 **前後**　후

예습! 7급 한자　車(수레 차/거) 方(모 방) 後(뒤 후)

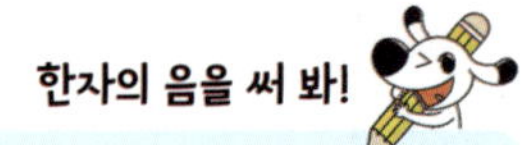

❶ 설날 낮 12시 **前後**로
고속도로 정체가 심했습니다.

후

❷ 우리 탁구팀이 **道內** 체육 대회에서
우승했습니다.

❸ 비 때문에 **前方**을 보기
힘듭니다.

방

❹ 사람들이 빠른 걸음으로
車道를 건너갑니다.

차

밑줄 친 뜻에 해당하는 한자를 찾거나, 음에 해당하는 한자어를 〈보기〉에서
찾아보세요.

| 〈보기〉 | ① 車道 | ② 前方 | ③ 道 | ④ 道內 | ⑤ 前後 |

1. 삼촌은 전방 부대에서 근무했습니다. __________

2. 내일 도내 모든 학교가 방학합니다. __________

3. 차도를 건널 때는 조심해야 합니다. __________

4. 앞뒤 이야기가 이어지도록 만듭니다. __________

22 손에 고깃덩이가 있을 有, 아기를 살찌도록 기를 育

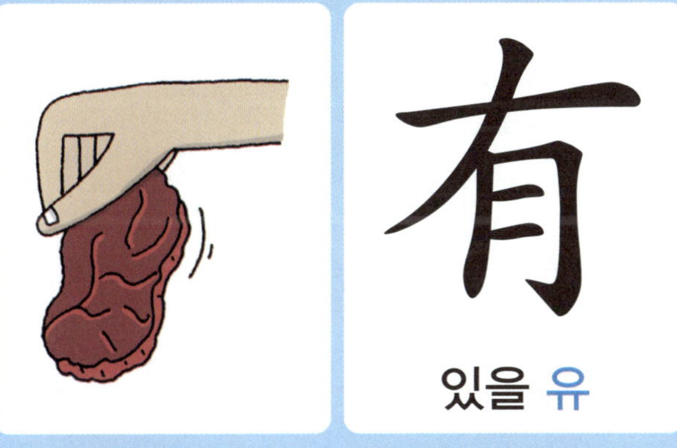

有

있을 유

育

기를 육

'있을 유'는 오른손에 고깃덩이를 쥔 모습이에요.

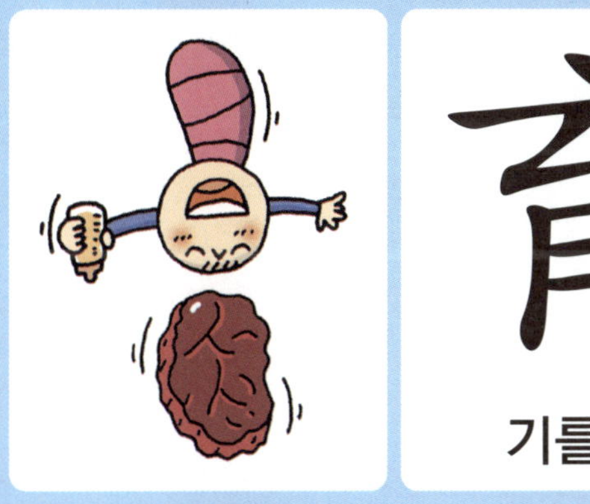

'기를 육'은 갓난아기를 살찌도록 잘 기르는 모습이에요.

풀이말 풀이말을 큰 소리로 읽으며 획을 따라 쓰세요.

따라 써 봐!

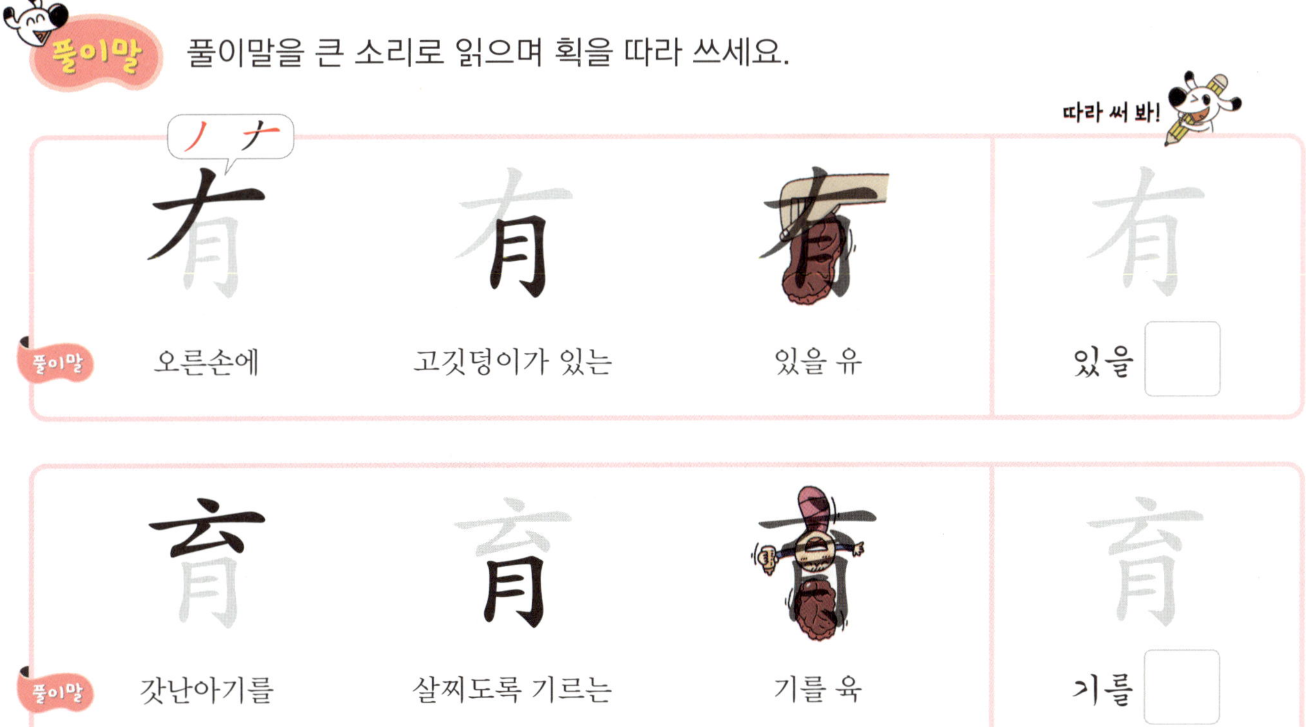

	丿 𠂇 有	有	有	有
풀이말	오른손에	고깃덩이가 있는	있을 유	있을 ☐

	育	育	育	育
풀이말	갓난아기를	살찌도록 기르는	기를 육	기를 ☐

도움말 有(있을 유)의 𠂇은 右(오른 우)의 윗부분으로 오른손을 나타내요. 또 아래 月은 고깃덩이에요. 月은 글자에 따라 [달 월], [고깃덩이 육]의 뜻이 있어요. 育(기를 육)의 윗부분은 '子(아들 자)'를 뒤집은 모양이에요.

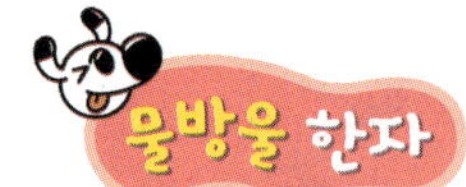

물방울 한자 물방울 에 가려진 한자를 필순에 맞게 쓰고, 빈칸에 훈과 음을 쓰세요.

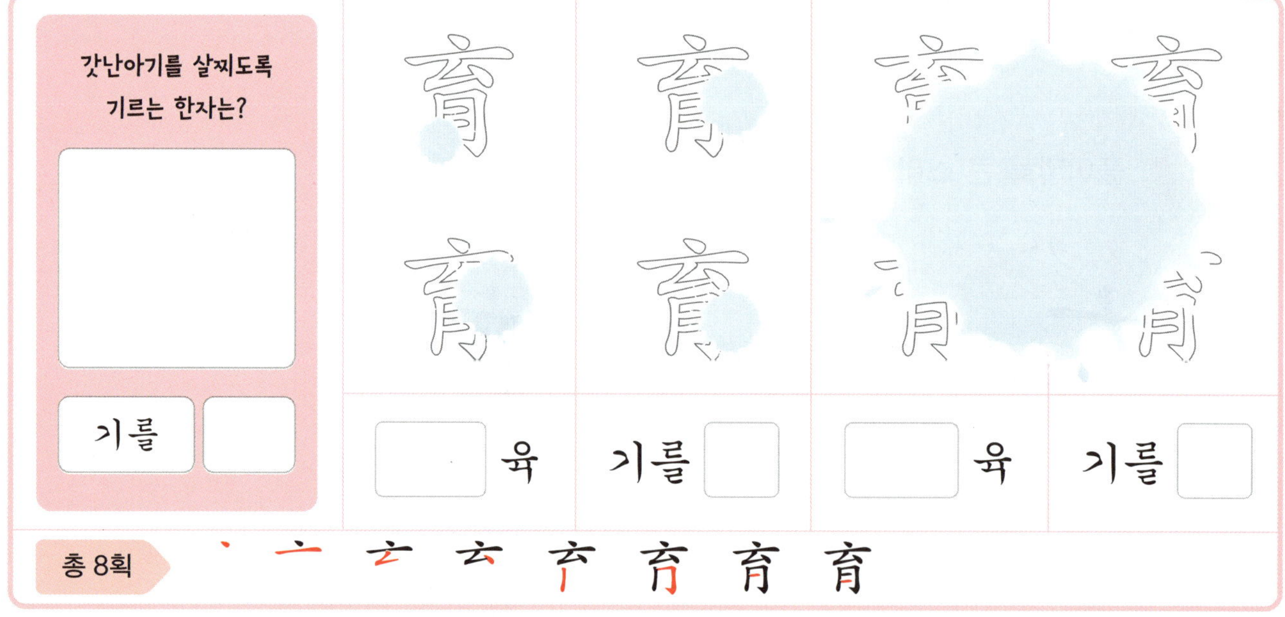

오른손에 고깃덩이를 쥔 모양의 한자는?

有	有	有	有
有	有	有	有
( ) 유	있을 ( )	( ) 유	있을 ( )

있을 ( )

총 6획 丿 𠂇 𠂇 有 有 有

갓난아기를 살찌도록 기르는 한자는?

育	育	育	育
育	育	育	育
( ) 육	기를 ( )	( ) 육	기를 ( )

기를 ( )

총 8획 丶 亠 亠 亠 亠 育 育 育

한자 어휘 한자의 음을 쓰세요.

1. 이름이 알려짐 有名 (명)
2. 가르치고 기르는 教育 ( )
3. 가지고 있음 所有 (소)
4. 생물이 나서 자람 生育 ( )

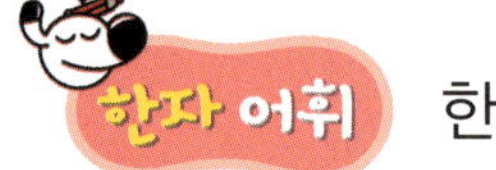

예습! 7급 한자 名(이름 명) 所(바 소) **복습!** 8급 한자 教(가르칠 교) 生(날 생)

문장을 소리 내어 읽고 한자의 음을 쓰세요.

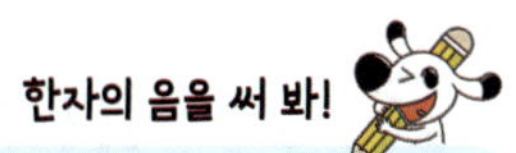

❶ 제주도는 세계적으로 **有名**한 관광지입니다.

명

미술 3
❷ 전시와 관련된 **教育** 활동으로 예술을 즐겁게 배웁니다.

❸ 모든 백성이 땅을 **所有**하길 바랐습니다.

소

❹ 벼의 **生育**에 알맞은 온도는 섭씨 30~32도입니다.

밑줄 친 뜻에 해당하는 한자를 찾거나, 음에 해당하는 한자어를 〈보기〉에서 찾아보세요.

〈보기〉　① **有名**　② **教育**　③ **育**　④ **生育**　⑤ **所有**

1. 저 밭이 누구 소유인지 아십니까?　________

2. 연구소는 인삼의 생육 기간을 절반으로 줄였습니다.　________

3. 그 집안은 가정 교육이 엄합니다.　________

4. 대구는 사과가 많이 나는 곳으로 유명합니다.　________

피가 드나드는 심장 마음 心, 밥뚜껑 열고 앉아 먹을 食

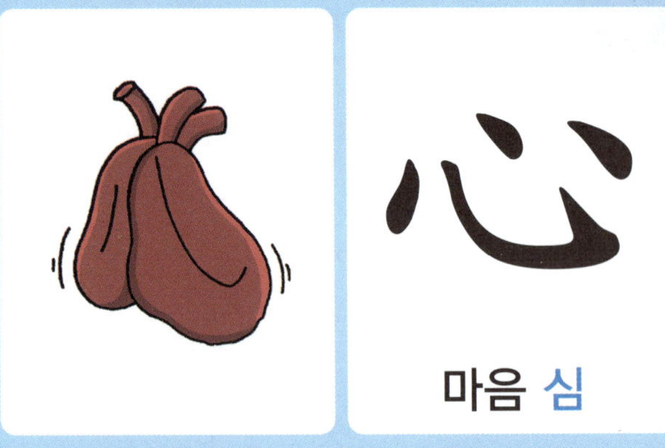

마음 심

먹을 식

'마음 심'은 피가 드나드는 심장을 그렸어요.
심장이 두근거리는 마음을 가리켜요.

'먹을 식'은 밥뚜껑을 열고 앉아
밥을 먹는 모습이에요.

풀이말 풀이말을 큰 소리로 읽으며 획을 따라 쓰세요.

따라 써 봐!

풀이말	피가	심장에	들어왔다 나갔다 하는	마음 심	마음

풀이말	밥뚜껑을 열고	입을 벌리고 앉아	두 팔로 밥을 먹는	먹을 식	먹을

도움말 食(먹을 식)은 '밥 식'이라는 훈음도 있어요. 예 朝食(조식): 아침밥, 食事(식사): 음식을 먹는 일

물방울 ◯ 에 가려진 한자를 필순에 맞게 쓰고, 빈칸에 훈과 음을 쓰세요.

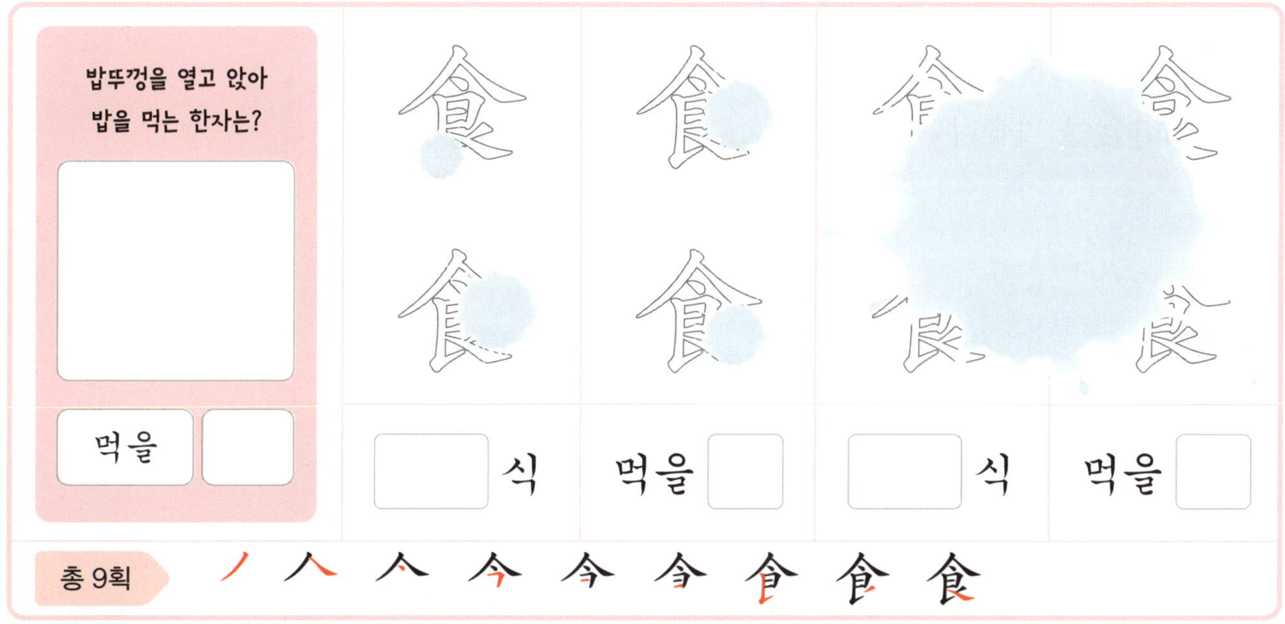

  한자의 음을 쓰세요.

1 백성의 마음 **民心**

2 음식을 먹는 일 **食事** 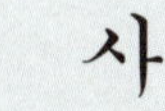 사

3 한가운데 **中心** 

4 끼니 사이에 먹음 **間食**  간

예습! 7급 한자 事(일 사) 間(사이 간)   복습! 8급 한자 民(백성 민) 中(가운데 중)

1 天하를 얻으려면 民心을 얻어야 합니다.

하,

체육 3
2 食事 후에는 이를 꼼꼼히 닦아요.

사

---

3 그녀는 몸의 中心을 잃고 쓰러졌습니다.

체육 3
4 과일, 견과류 등 건강한 間食을 먹습니다.

간

밑줄 친 뜻에 해당하는 한자를 찾거나, 음에 해당하는 한자어를 〈보기〉에서 찾아보세요.

〈보기〉　① 心　② 食事　③ 中心　④ 間食　⑤ 民心

1. 식사하기 전 손을 씻는 것이 좋습니다. ________

2. 상대방의 마음을 헤아리며 말해야 합니다. ________

3. 여기서 간식을 먹고 가자. ________

4. 접힌 부분을 중심으로 삼각형을 그리세요. ________

정답 **1** 천, 민심 **2** 식사 **3** 중심 **4** 간식 ｜ 1. ② 2. ① 3. ④ 4. ③

 빈칸에 알맞은 한자와 훈음을 쓰세요.

自

育

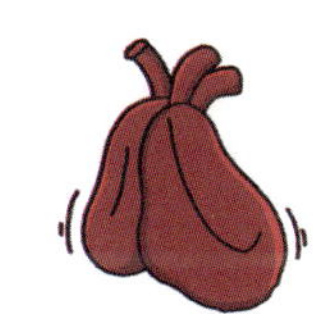
마음 심

植

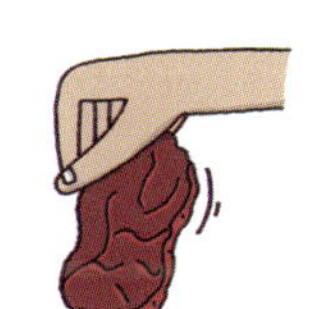
있을 유

길 도

前

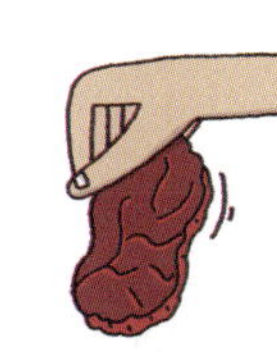

有

食

面

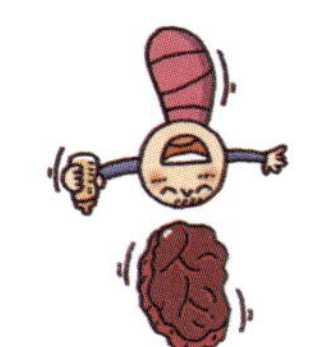
기를 육

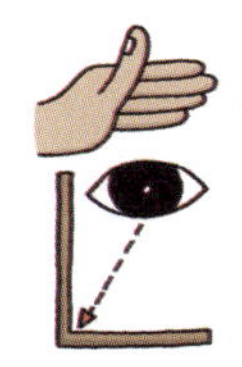

直

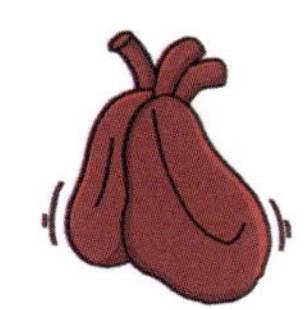

心

낯 면

道

<보기> 直 植 自 面 道 前 有 育 心 食

① 과일, 견과류 등 건강한 간　　을 먹습니다.

② 아버지께서는 정　　하게 살라고 말씀하셨습니다.

③ 우리나라는 5월 10일을 바다　　목일로 정했습니다.

④ 전시와 관련된 교　　활동으로 예술을 즐겁게 배웁니다.

⑤ 이 출입문은　　동으로 열리고 닫힙니다.

⑥ 제주노는 세계석으로　　녕한 관광지입니다.

⑦ 정　　에 보이는 건물이 도서관입니다.

⑧ 천하를 얻으려면 민　　을 얻어야 합니다.

⑨ 비 때문에　　방을 보기 힘듭니다.

⑩ 사람들이 빠른 걸음으로 차　　를 건너갑니다.

7급 급수 시험 예상 문제

[1~8] 다음 한자어의 음(音: 소리)을 쓰세요.

<보기> 漢字 → 한자

1. 正^정直한 사람이 성공합니다.
____

2. 그 집안은 가정 教育이 엄합니다.
____

3. 道內 체육 대회에서 우승했습니다.
____

4. 間^간食으로 먹을 감자를 쪘습니다.
____

5. 이 植物^물은 희귀한 약초입니다.
____

6. 自力^력으로 대학을 졸업했습니다.
____

7. 형은 前方^방에 배치되었습니다.
____

8. 대구는 사과로 有名^명합니다.
____

[9~12] 다음 한자의 훈(訓: 뜻)과 음(音: 소리)을 쓰세요.

<보기> 字 → 글자 자

9. 面 _______________

10. 有 _______________

11. 植 _______________

12. 自 _______________

[13~14] 다음 한자의 상대 또는 반대되는 한자를 <보기>에서 골라 그 번호를 쓰세요.

<보기> ① 兄　② 學　③ 東

13. (　) ↔ 弟

14. 教 ↔ (　)

[15~16] 다음 뜻에 맞는 한자어를 <보기>에서 찾아 그 번호를 쓰세요.

<보기> ① 民心　② 直立　③ 食事　④ 植木

15. 백성의 마음 _______________

16. 곧게 섬 _______________

[17~18] 다음 한자의 진하게 표시한 획은 몇 번째 쓰는지 <보기>에서 찾아 그 번호를 쓰세요.

<보기>
⑤ 다섯 번째　⑥ 여섯 번째
⑦ 일곱 번째　⑧ 여덟 번째
⑨ 아홉 번째　⑩ 열 번째

17. 前 _______________　18. 直 _______________

왼손에 손도끼 왼 左, 오른손으로 밥 먹는 오른 右

왼 좌

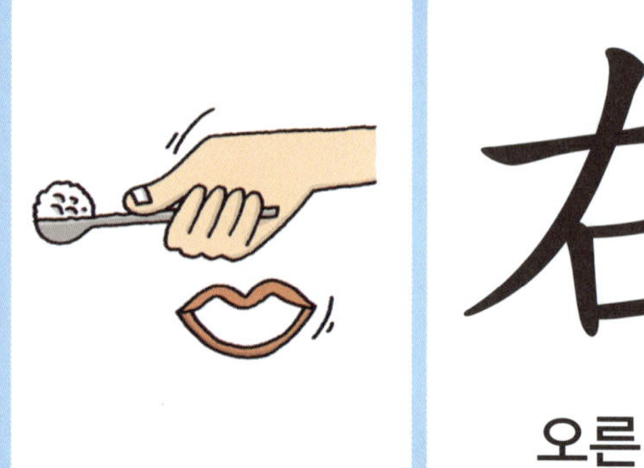

오른 우

'왼 좌'는 왼손으로
손도끼를 잡으려는 모습이에요.

'오른 우'는 오른손으로
밥을 입에 넣으려는 모습이에요.

풀이말 풀이말을 큰 소리로 읽으며 획을 따라 쓰세요.

따라 써 봐!

도움말 左右(좌우)는 모양이 비슷해요. 아래가 손도끼(工)냐 입(口)이냐에 따라 왼쪽과 오른쪽으로 나뉘어요. 우리말은 오른쪽, 왼쪽 순으로 말하지만 한자는 왼쪽부터 말해 左右(좌우)라고 해요.

반의어 左(왼 좌) ↔ 右(오른 우)

물방울 ○ 에 가려진 한자를 필순에 맞게 쓰고, 빈칸에 훈과 음을 쓰세요.

왼손으로 손도끼를 잡으려는 한자는? 왼 ☐	左 左	左 左	左 左	左 左
	☐ 좌	왼 ☐	☐ 좌	왼 ☐

총 5획 一 ナ 广 ナ 左

오른손으로 입에 밥을 넣는 한자는? 오른 ☐	右 右	右 右	右 右	右 右
	☐ 우	오른 ☐	☐ 우	오른 ☐

총 5획 ノ ナ 广 右 右

한자의 음을 쓰세요.

① 왼쪽과 오른쪽 **左右** ☐☐　　② 오른손 **右手** ☐ 수

③ 왼손 **左手** ☐ 수　　④ 오른쪽 **右方** ☐ 방

예습! 7급 한자　手(손 수) 方(모 방)

문장을 소리 내어 읽고 한자의 음을 쓰세요.

음악 3

1. 양팔을 **左右**로 벌리고 앞으로 걸어가요.

2. 자유의 여신상은 **右手**에 횃불을 들고 있습니다. 수

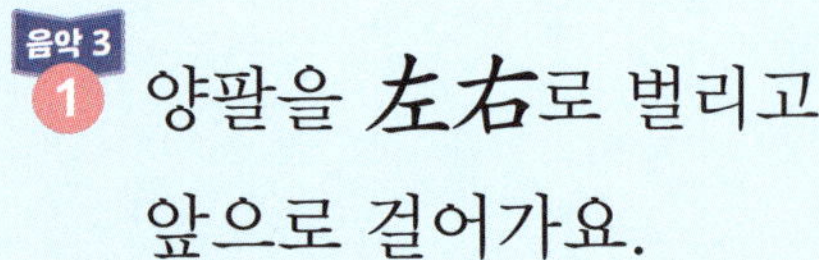

3. 자유의 여신상은 **左手**에 독립선언서를 들고 있습니다. 수

4. 이 길로 쭉 가면 **右方**에 시청이 나옵니다. 방

밑줄 친 뜻에 해당하는 한자를 찾거나, 음에 해당하는 한자어를 〈보기〉에서 찾아보세요.

〈보기〉 ① **左** ② **右手** ③ **左手** ④ **右方** ⑤ **左右**

1. 장군은 <u>오른손</u>에 칼을 들고 선봉에 섰습니다. ________

2. 학교 <u>오른쪽</u>에 무엇이 있나요? ________

3. <u>좌우</u>를 둘러봐도 아는 사람이 없습니다. ________

4. <u>왼손</u> 가운뎃손가락으로 털실을 걸어요. ________

정답 ① 좌우 ② 우수 ③ 좌수 ④ 우방 | 1. ② 2. ④ 3. ⑤ 4. ③

손가락과 손목 손 手, 사람이 막대를 잡고 하는 일 事

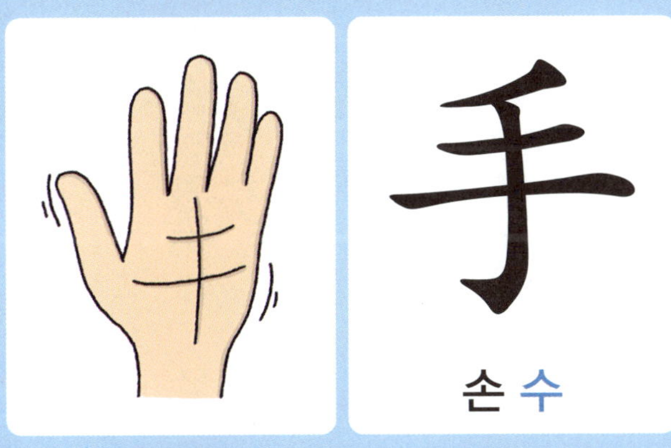

손 수

'손 수'는
손가락과 손목을 그렸어요.

일 사

'일 사'는 윗사람의 입, 아랫사람이
막대를 잡은 손을 그렸어요. 윗사람은
일을 시키고 아랫사람이 일하는 모습이에요.

풀이말 풀이말을 큰 소리로 읽으며 획을 따라 쓰세요.

따라 써 봐!

풀이말

손가락	손목	손 수	손

윗사람이 입 벌려 말하면	아랫사람이 손으로 막대를 잡고 일하는	일 사	일

반의어 手(손 수) ↔ 足(발 족)

 **물방울 한자** 물방울 ● 에 가려진 한자를 필순에 맞게 쓰고, 빈칸에 훈과 음을 쓰세요.

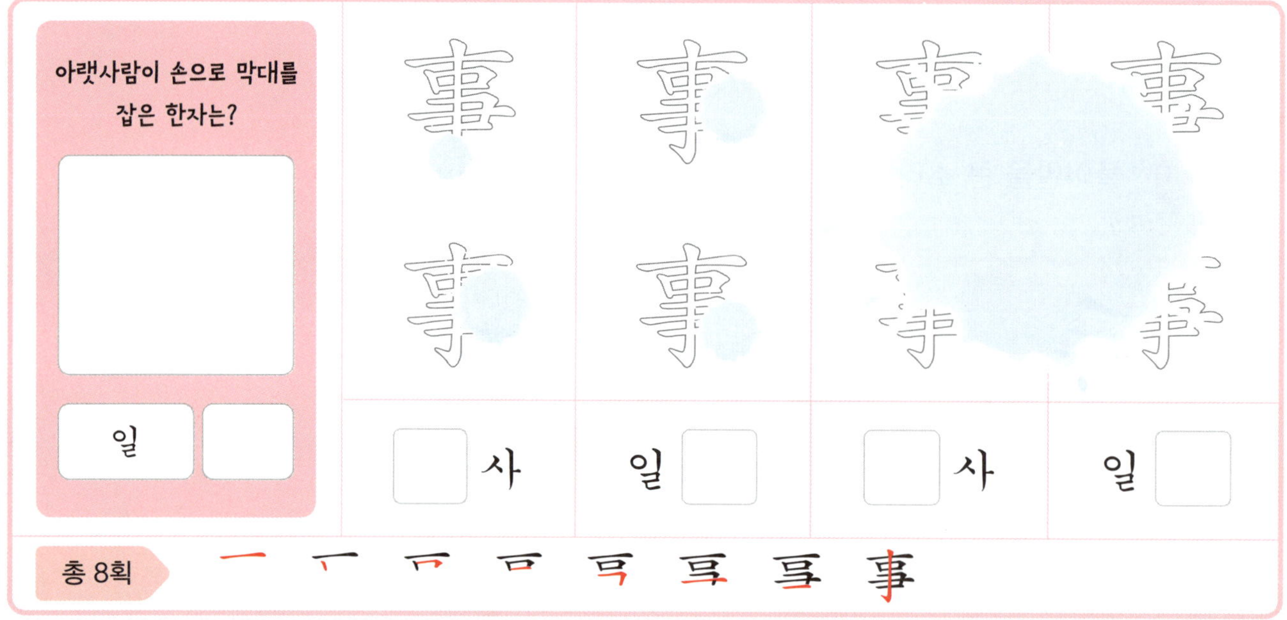

한자 어휘 한자의 음을 쓰세요.

❶ 손발 **手足** 　　족

❷ 곡식을 기르는 일 **農事** 　　농

❸ 손으로 움직임 **手動** 　　동

❹ 일과 물건 **事物** 　　물

예습! 7급 한자 　足(발 족) 農(농사 농) 動(움직일 동) 物(물건 물)

88

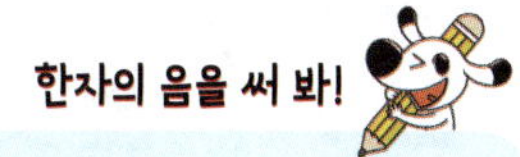

1 할아버지는 중풍으로 **手足**을 쓰지 못합니다.

족

과학 3
2 **農事**를 지으려면 씨를 땅에 심어야 합니다.

농

3 이 장난감은 건전지 없이 **手動**으로 움직입니다.

동

미술 3
4 피카소, 역시 자넨 **事物**을 바라보는 눈이 남달라.

물

밑줄 친 뜻에 해당하는 한자를 찾거나, 음에 해당하는 한자어를 〈보기〉에서 찾아보세요.

〈보기〉   ① 手足   ② 農事   ③ 手   ④ 事物   ⑤ 事

1. 빙판길에서 주머니에 손을 넣고 걸으면 위험합니다.　＿＿＿＿

2. 아들을 똑바로 눕히고 수족부터 만져 보았습니다.　＿＿＿＿

3. 일이 일어난 순서를 살펴보아야 합니다.　＿＿＿＿

4. 안경을 끼니 사물이 또렷이 보입니다.　＿＿＿＿

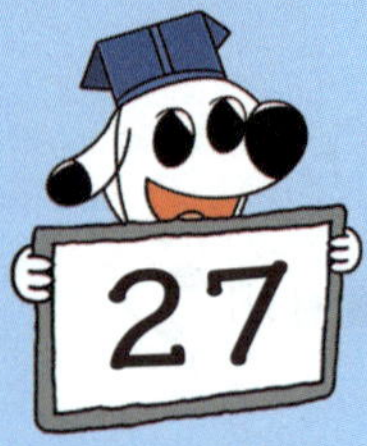

27

한곳에 발을 멈춘 바를 正, 입을 벌리고 발을 뻗은 발 足

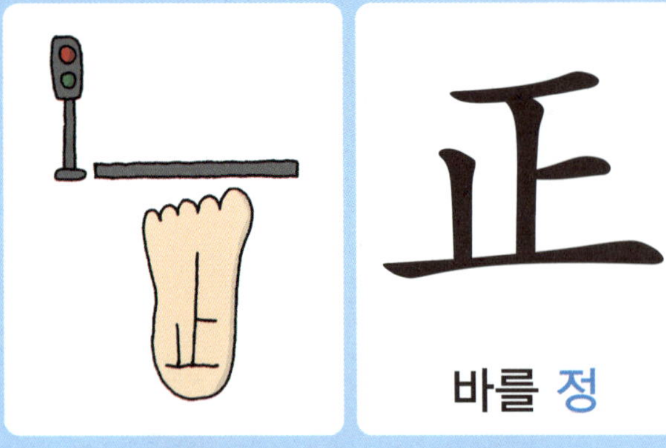

바를 정

'바를 정'은 한곳에 발을 멈추고
바르게 서 있는 모습이에요.

발 족

'발 족'은 입을 벌리고 발을
앞뒤로 뻗은 모습이에요.

 **풀이말** 풀이말을 큰 소리로 읽으며 획을 따라 쓰세요.

따라 써 봐!

풀이말

| 한곳에 | 발을 멈추고 | 바르게 서는 | 바를 정 | 바를 ☐ |

풀이말

| 입을 벌리고 | 발을 | 앞뒤로 뻗은 | 발 족 | 발 ☐ |

도움말 正(바를 정)의 止는 땅을 걷다가 발을 멈추는 '그칠 지'예요. 足(발 족)의 口는 원래 무릎 모양인데 여기서는 '입 구'로 풀이했
어요. 그리고 足은 '발 족' 외에도 '족할 족'의 뜻도 있어요.

반의어 足(발 족) ↔ 手(손 수)

물방울 한자　물방울 💧 에 가려진 한자를 필순에 맞게 쓰고, 빈칸에 훈과 음을 쓰세요.

한곳에 발을 멈추고
바르게 선 한자는?

바를 ▢

▢ 정　　바를 ▢　　▢ 정　　바를 ▢

총 5획　一 丁 下 正 正

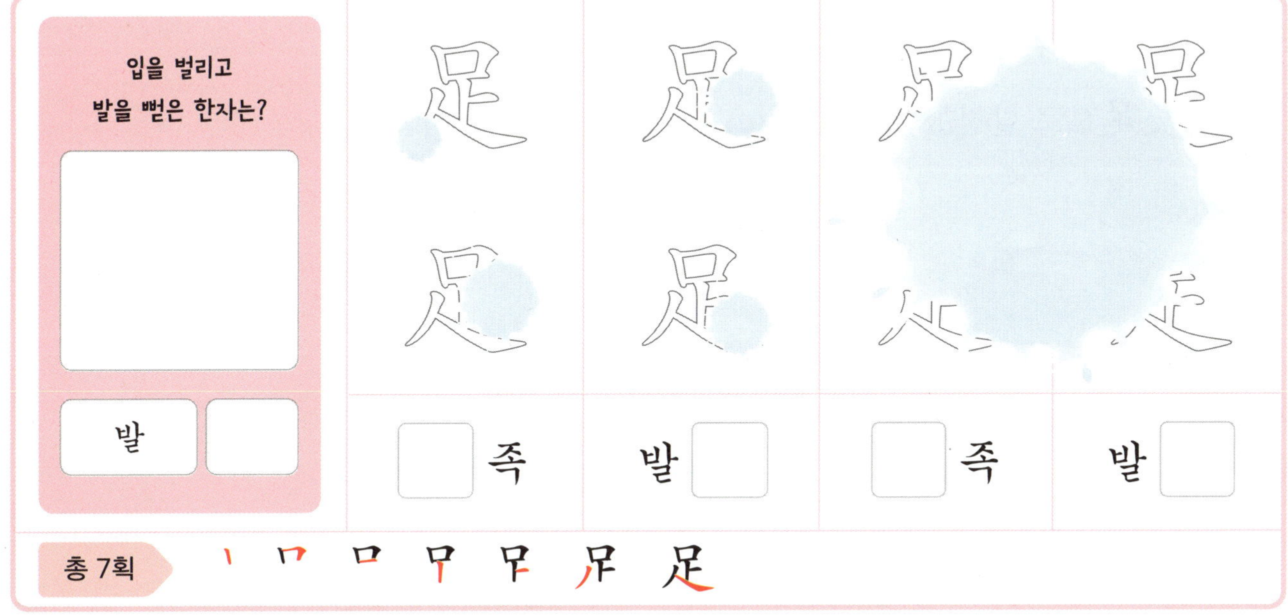

입을 벌리고
발을 뻗은 한자는?

발 ▢

▢ 족　　발 ▢　　▢ 족　　발 ▢

총 7획　丨 卩 甲 甲 문 足 足

한자 어휘　한자의 음을 쓰세요.

1 옳고 바른 답 **正答**　▢답　　**2** 넉넉하지 않음 **不足**　부▢

3 정면에 있는 출입문 **正門**　▢▢　　**4** 긴 다리, 발전이 빠름 **長足**

예습! 7급 한자　答(대답 답) 不(아닐 불)　　복습! 8급 한자　門(문 문) 長(긴 장)

한자의 음을 써 봐!

1 답안지에 **正答**을 정확히 쓰십시오.

답

과학 3
2 물이 **不足**하면 식물이 시들고 잘 자라지 않습니다.

부

3 광화문은 경복궁의 **正門**입니다.

4 그의 **漢字** 실력이 **長足**으로 발전했습니다.

,

밑줄 친 뜻에 해당하는 한자를 찾거나, 음에 해당하는 한자어를 〈보기〉에서 찾아보세요.

〈보기〉　① 正　② 不足　③ 正門　④ 足　⑤ 正答

1. 발의 길이를 재 보세요. ________

2. 철수가 낸 수수께끼의 정답은 '사람'입니다. ________

3. 아직 부족한 점이 많습니다. ________

4. 방과 후 학교 정문 앞에서 만나자. ________

정답　**1** 정답　**2** 부족　**3** 정문　**4** 한자, 장족　| 1. ④ 2. ⑤ 3. ② 4. ③

28

두 발로 제기를 들고 오를 登, 큰길에서 뒤쫓는 뒤 後

오를 등

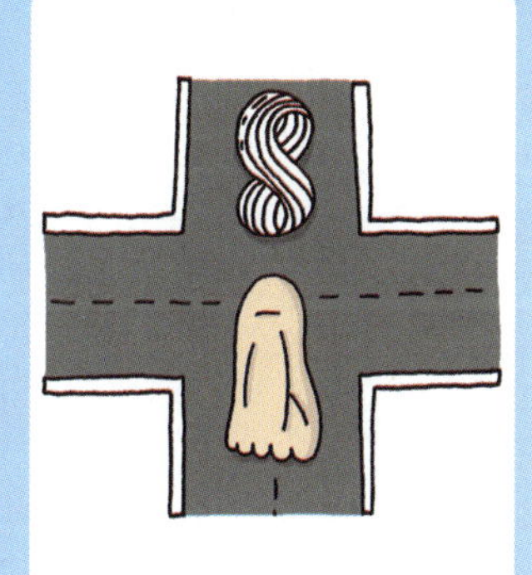

뒤 후

'오를 등'은 두 발과 제기를 그렸어요.
제기를 들고 두 발로 제단을
오르는 모습이에요.

'뒤 후'는 큰길 사거리에서 작은 걸음으로
이리저리 걸어 뒤처진 모습이에요.

풀이말 풀이말을 큰 소리로 읽으며 획을 따라 쓰세요.

따라 써 봐!

풀이말 왼발 오른발 디디며	제기를 들고	제단을 오르는	오를 등	오를 [ ]

풀이말 큰길에서	작은 걸음으로	이리저리 뒤에 오는	뒤 후	뒤 [ ]

도움말 登(오를 등)의 癶은 왼발, 오른발을 그린 '두발 발'이에요. 또 豆가 한자의 일부로 쓰이면 제기라는 뜻으로 쓰여요. 豆만 쓰면 콩을 담는 그릇과 닮아 '콩 두'의 뜻이 돼요.

반의어 後(뒤 후) ↔ 前(앞 전)

 **물방울 한자**　물방울 💧 에 가려진 한자를 필순에 맞게 쓰고, 빈칸에 훈과 음을 쓰세요.

두 발로 제기를 들고 제단을 오르는 한자는? 오를 ☐	登登	登登	登登	登登
	☐ 등	오를 ☐	☐ 등	오를 ☐

총 12획　フ　フ　[illegible]登

큰길에서 작은 걸음으로 걸어 뒤처진 한자는? 뒤 ☐	後後	後後	後後	後後
	☐ 후	뒤 ☐	☐ 후	뒤 ☐

총 9획　´　´　彳　彳　彳　径　径　後　後

 **한자 어휘**　한자의 음을 쓰세요.

❶ 산에 오름 **登山** ☐

❷ 식사 뒤 음식 **後食** ☐

❸ 무대에 오름 **登場** ☐ 장

❹ 다음 세대 **後世** ☐ 세

예습! 7급 한자　場(마당 장) 世 (인간 세)　　**복습! 8급 한자**　山(메 산)

수학 3

1 민준이가 가족과 함께 登山을 하고 있습니다.

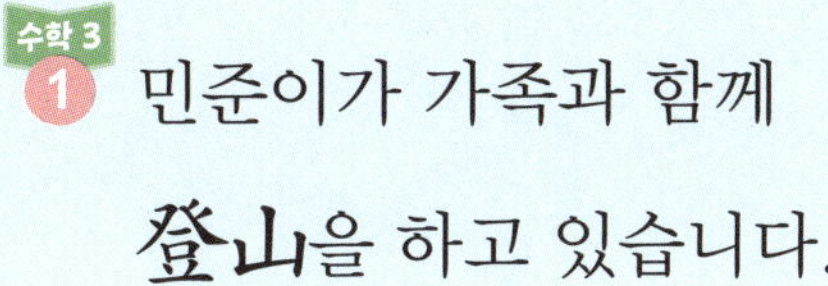

2 오늘 저녁 後食은 아이스크림입니다.

국어 3

3 가까운 미래에 학교에도 로봇이 登場할 것이라고 생각해.

장

4 그의 덕행은 後世에 길이 남을 것입니다.

세

밑줄 친 뜻에 해당하는 한자를 찾거나, 음에 해당하는 한자어를 〈보기〉에서 찾아보세요.

〈보기〉 ① 登山 ② 後食 ③ 登 ④ 登場 ⑤ 後

1. 이 식당은 커피를 후식으로 줍니다. ________

2. 뒤에 오는 개미들은 같은 길을 기어갑니다. ________

3. 산꼭대기까지 올라가 씨앗을 뿌렸습니다. ________

4. 등산은 건강에 좋습니다. ________

29

머리에 땀나는 여름 夏, 이쪽저쪽 얼음이 언 겨울 冬

여름 하

겨울 동

'여름 하'는 머리에 땀을 흘리며
이리저리 걷는 모습이에요.

'겨울 동'은 이쪽저쪽
얼음이 언 모습이에요.

 **풀이말** 풀이말을 큰 소리로 읽으며 획을 따라 쓰세요.

따라 써 봐!

풀이말

| 큰 머리에 땀 흘리며 | 이리저리 걷는 | 무더운 여름 | 여름 하 | 여름 ☐ |

풀이말

| 이쪽저쪽 | 얼음 언 | 추운 겨울 | 겨울 동 | 겨울 ☐ |

도움말 夏(여름 하)의 頁은 이마와 코, 목을 그린 頁(머리 혈)의 윗부분으로 큰 머리를 가리켜요. 冬(겨울 동)에서 冫(빙)은 얼음을 그렸어요.

반의어 夏(여름 하) ↔ 冬(겨울 동)

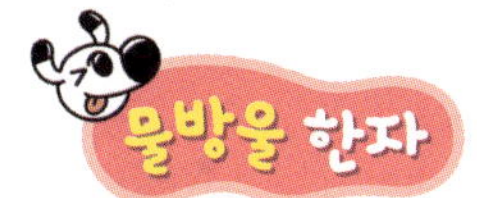

물방울 한자 물방울 에 가려진 한자를 필순에 맞게 쓰고, 빈칸에 훈과 음을 쓰세요.

머리에 땀을 흘리며 이리저리 걷는 한자는?

夏 夏 夏 夏
夏 夏 夏 夏

여름 ☐ | ☐ 하 | 여름 ☐ | ☐ 하 | 여름 ☐

총 10획 一 丆 丆 万 百 百 頁 頁 夏 夏

이쪽저쪽 얼음이 언 한자는?

冬 冬 冬 冬
冬 冬 冬 冬

겨울 ☐ | ☐ 동 | 겨울 ☐ | ☐ 동 | 겨울 ☐

총 5획 ノ ク 夂 冬 冬

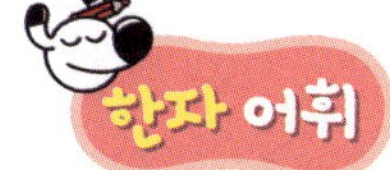

한자 어휘 한자의 음을 쓰세요.

1 여름의 시작 立夏 ☐

2 겨울의 시작 立冬 ☐

3 봄 여름 가을 겨울 春夏秋冬 춘 ☐ 추 ☐

예습! 7급 한자 春(봄 춘) 秋(가을 추)

한자의 음을 써 봐!

1 내일은 여름의 시작인  立夏입니다.

2 立冬이 지나자 날씨가 쌀쌀해졌습니다.

3 우리나라는 春夏秋冬 사계절이 뚜렷합니다.

춘　　추

4 立冬이 되면 물과 땅이 얼기 시작합니다.

밑줄 친 뜻에 해당하는 한자를 찾거나, 음에 해당하는 한자어를 〈보기〉에서 찾아보세요.

〈보기〉　　① 立夏　　② 立冬　　③ 夏　　④ 冬　　⑤ 冬天

1. <u>여름</u>에 일하고 겨울에 쉬는 것은? ________

2. 춥고 바람이 쌩쌩 부는 <u>겨울</u>이 되었습니다. ________

3. <u>입하</u>가 되면 보리이삭들이 패기 시작합니다. ________

4. <u>입동</u>을 전후해 담근 김장이 맛있습니다. ________

정답 ❶ 입하 ❷ 입동 ❸ 춘하추동 ❹ 입동 | 1. ③ 2. ④ 3. ① 4. ②

 빈칸에 알맞은 한자와 훈음을 쓰세요.

足

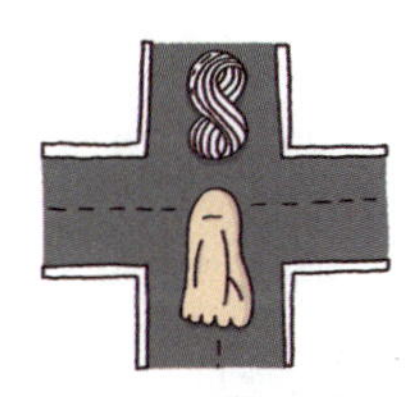
後

일 사

夏

오른 우

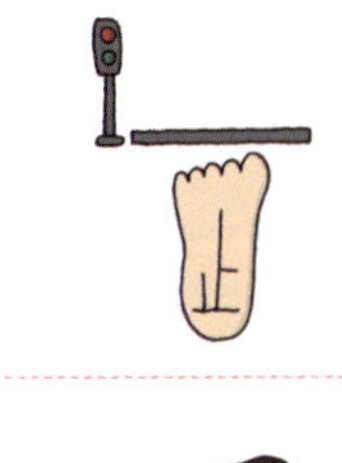
正

冬

右

뒤 후

登

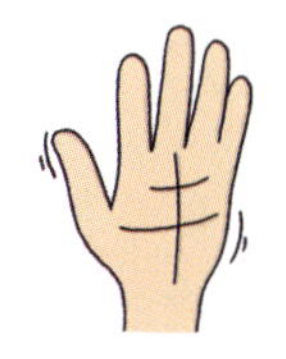
手

左

事

오를 등

여름 하

1 양팔을 □우로 벌리고 앞으로 걸어가요.

2 내일은 여름의 시작인 입□ 입니다.

3 피카소, 역시 자녠 □물을 바라보는 눈이 남달라.

4 오늘 저녁 □식은 아이스크림입니다.

5 입□이 되면 물과 땅이 얼기 시작합니다.

6 광화문은 경복궁의 □문 입니다.

7 가까운 미래에 학교에도 로봇이 □장할 것이라고 생각해.

8 자유의 여신상은 □수(오른손)에 횃불을 들고 있습니다.

9 물이 부□하면 식물이 시들고 잘 자라지 않습니다.

10 할아버지는 중풍으로 □족을 쓰지 못합니다.

[1~8] 다음 한자어의 음(音: 소리)을 쓰세요.

<보기> 漢字 → 한자

1. 2번이 **正答**이라고 생각했습니다.
____

2. 고개를 **左右**로 흔들었습니다.
____

3. **後食**으로 귤을 먹었습니다.
____

4. 현우가 내일 **登山** 가자는데?
____

5. 농촌 일손이 많이 **不足**합니다.
____

6. **事物**이 또렷이 보입니다.
____

7. **立冬**이 지났습니다.
____

8. 이 장난감은 **手動**으로 움직입니다.
____

[9~12] 다음 한자의 훈(訓: 뜻)과 음(音: 소리)을 쓰세요.

<보기> 字 → 글자 자

9. 足 _______________

10. 左 _______________

11. 右 _______________

12. 冬 _______________

[13~14] 다음 한자의 상대 또는 반대되는 한자를 <보기>에서 골라 그 번호를 쓰세요.

<보기> ① 前　　② 夏　　③ 足

13. 冬 ↔ (　　)

14. (　　) ↔ 後

[15~16] 다음 뜻에 맞는 한자어를 <보기>에서 찾아 그 번호를 쓰세요.

<보기> ① 登山　　② 立冬　　③ 左右　　④ 手足

15. 왼쪽과 오른쪽 _______________

16. 손과 발 _______________

[17~18] 다음 한자의 진하게 표시한 획은 몇 번째 쓰는지 <보기>에서 찾아 그 번호를 쓰세요.

<보기>
③ 세 번째　　④ 네 번째
⑤ 다섯 번째　　⑥ 여섯 번째
⑦ 일곱 번째　　⑧ 여덟 번째

17.  足 _______________　　18.  夏 _______________

한자능력검정시험을 보기 전에 알아 두면 좋아요!

1. 시험 일정은?

보통 2월, 5월, 8월, 11월 셋째 주 토요일에 실시합니다. 교육급수시험(4급~8급)의 시험 시간은 오전 11시, 공인급수시험(특급~3급Ⅱ)은 오후 3시로 서로 다릅니다. 또한 매년 시험 날짜가 바뀔 수 있으므로 반드시 한국어문회 홈페이지(www.hanja.re.kr)에서 확인해야 합니다.

2. 7급과 7급Ⅱ는 무엇이 다른가요?

한자능력검정시험은 교육급수(4급~8급)와 공인급수(특급~3급Ⅱ)로 나뉩니다.

교육급수에 해당하는 7급과 7급Ⅱ는 각각 별도의 급수입니다. **급수Ⅱ는 상위 급수와 하위 급수 배정한자 수의 차이를 줄이기 위한 급수입니다.**

7급Ⅱ는 100자, 7급은 150자를 읽을 수 있어야 합니다. 7급Ⅱ 100자와 7급 150자에는 모두 8급 한자 50자가 포함되어 있습니다. 모든 급수 한자는 아래 급수에서 배운 한자를 포함합니다.

급수	읽기	쓰기
8급	50	0
7급Ⅱ	100	0
7급	150	0
6급Ⅱ	225	50
6급	300	150
5급Ⅱ	400	225
5급	500	300
4급Ⅱ	750	400
4급	1,000	500

3. 어떤 유형의 문제가 나오나요?

7급은 한자의 소리(음)를 묻는 독음 문제와 한자의 뜻과 소리를 동시에 묻는 훈음 문제가 대부분입니다.(70문항 중 62문항) 이 외에 반의어, 한자어 완성, 뜻풀이, 필순 유형이 각각 2문제씩 총 8문제가 출제됩니다.

7급Ⅱ는 7급과 비슷하나 독음 문제가 10문제 적어 총 60문항입니다.

구분	6급	6급Ⅱ	7급	7급Ⅱ	8급
* 독음	33	32	32	22	24
* 훈음	22	29	30	30	24
장단음	0	0	0	0	0
* 반의어	3	2	2	2	0
* 완성형	3	2	2	2	0
부수	0	0	0	0	0
동의어	2	0	0	0	0
동음이의어	2	0	0	0	0
* 뜻풀이	2	2	2	2	0
약자	0	0	0	0	0
한자 쓰기	20	10	0	0	0
* 필순	3	3	2	2	2
한문	0	0	0	0	0

4. 시험 시간 및 문항 수는 어떻게 되나요?

시험 시간은 50분이고, 합격 기준은 70점 이상입니다. 곧 7급은 70문항 중 49문항, 7급Ⅱ는 60문항 중 42문항 이상 맞히면 합격입니다.

급수	출제 문항	합격 문항
8급	50	35
7급Ⅱ	60	42
7급	70	49
6급Ⅱ	80	56
6급	90	63
5급Ⅱ·5급·4급Ⅱ·4급	100	70

모의 한자능력검정시험

7_급

- 출제 기준 : ㈜한국어문회 한자능력검정시험
- 출제 범위 : '바빠 초등 7급 한자' 1권 한자(50자)
- 시험 시간 : 50분
- 시험 문항 : 70문항

채점한 후 확인해 보세요~

회차	1회	2회
맞힌 문항 수		

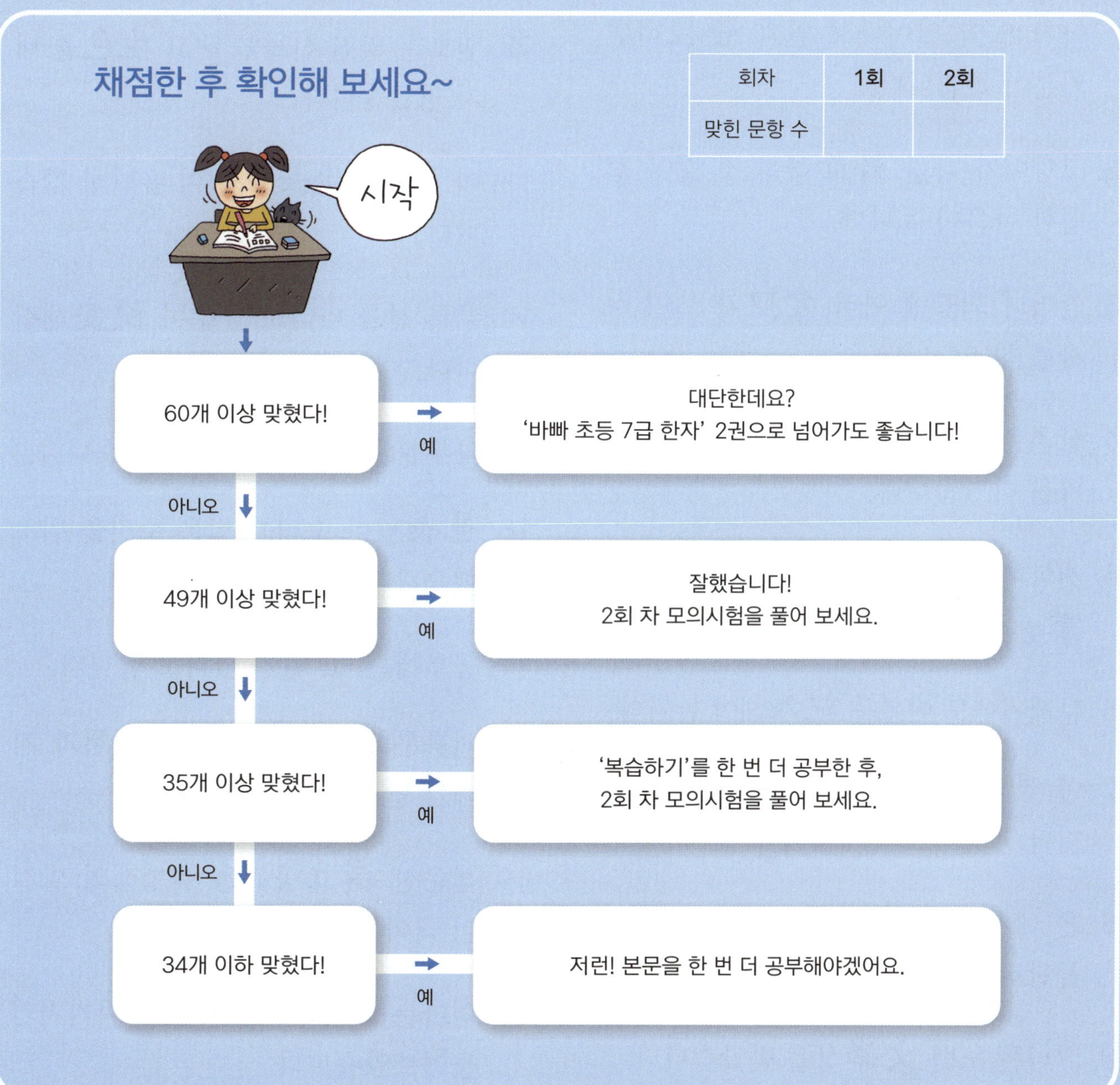

※ 1권에서 배운 한자(50자)를 기준으로 출제되었습니다.

[1~32] 다음 밑줄 친 한자어의 음(音: 소리)을 쓰세요.

<보기> 漢字 → 한자

1. 아침 일찍 일어나서 일찍 **登校**하면 기분이 좋습니다.

2. 고양이가 나를 **外面**하는 것 같아 섭섭한 마음이 듭니다.

3. 할머니 회갑에 여러 **食口**가 모여 식사를 하였습니다.

4. 삼촌은 경제적 **自立**을 위해 취업 준비를 하였습니다.

5. 개학하는 날, 친구를 만나 반갑게 **人事**했습니다.

6. 문제지에도 이름을 **記入**해야 합니다.

7. 이 영양제는 **食前**에 먹는 것이 좋습니다.

8. 온 세계가 **每年** 이상 기후로 폭염과 물난리를 겪고 있습니다.

9. 그녀는 노벨 **文學**상을 받았습니다.

10. 경제 위기에 **直面**했지만 슬기롭게 극복했습니다.

11. 이 사과는 농약을 치지 않아 **安心**하고 먹을 수 있습니다.

12. 민호는 멋진 선물을 주고 **生色**을 내지 않았습니다.

13. 이 식물은 **生長** 과정이 유난히 짧습니다.

14. 푸른 산을 바라보면 눈이 **便安**해집니다.

15. 나무꾼은 **正直**하게 대답했습니다.

16. **邑長**님이 수해를 입은 주민을 위로했습니다.

17. 공부에는 **王道**가 없다고 합니다.

18. 전통문화에는 **先祖**들의 경험과 지혜가 담겨 있습니다.

19. 선운산 **道立**공원은 여행객의 발길이 끊이지 않습니다.

20. 엄마는 **母校**를 방문하여 여기저기 둘러보았습니다.

21. 언니와 **兄夫**는 영국에서 박사 과정을 마쳤습니다.

22. 우리 가족은 **每月** 마지막 주에 캠핑을 갑니다.

23. 새로 출시되는 휴대폰을 **事前** 예약하면 혜택이 많습니다.

24. 그녀는 **歌手**면서 연기도 참 잘합니다.

25. 과식을 피하고 **小食**을 해야 건강합니다.

26. 그는 병든 **老母**를 정성껏 병시중하였습니다.

27. 일제가 왜곡한 역사를 올바르게 **正立**해야 합니다.

28. 조선시대에 금속 **活字**를 많이 만들어 사용했습니다.

29. 5월은 계절의 **女王**입니다.

30. 스코틀랜드 **國花**는 엉겅퀴입니다.

31. 교문에서 **校長** 선생님이 우리를 맞아주십니다.

32. 우리 시는 **年老**하신 어르신들을 위한 쉼터를 마련하였습니다.

[33~34] 다음 밑줄 친 단어의 한자어를 <보기>에서 골라 그 번호를 쓰세요.

<보기>
① 教育　　② 軍歌
③ 正面　　④ 學校

33. 광화문을 정면으로 마주하면 지붕 처마가 하늘을 나는 듯합니다.

34. 군인들이 구보를 하며 씩씩하게 군가를 부릅니다.

[35~54] 다음 한자의 훈(訓: 뜻)과 음(音:소리)을 쓰세요.

<보기>　字　→　글자 자

35. 夏
36. 西
37. 花
38. 冬
39. 植
40. 靑
41. 登
42. 有
43. 左
44. 敎

45. 同

46. 話

47. 自

48. 子

49. 金

50. 右

51. 學

52. 萬

53. 命

54. 孝

[55~64] 다음 훈(訓: 뜻)과 음(音: 소리)에 맞는 한자를 〈보기〉에서 골라 그 번호를 쓰세요.

55. 글월 문

56. 하늘 천

57. 편할 편

58. 골 동

59. 한수 한

60. 물을 문

61. 할아비 조

62. 빛 색

63. 말씀 어

64. 성 성

[65~66] 다음 한자의 상대 또는 반대되는 한자를 〈보기〉에서 골라 그 번호를 쓰세요.

65. 手 ↔ (　　)   66. 前 ↔ (　　)

[67~68] 다음 뜻에 맞는 한자어를 〈보기〉에서 찾아 그 번호를 쓰세요.

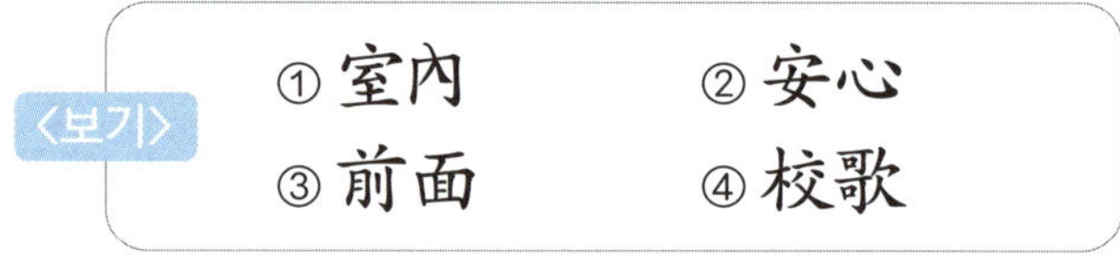

67. 앞쪽

68. 편안한 마음

[69~70] 다음 한자의 진하게 표시한 획은 몇 번째 쓰는지 〈보기〉에서 찾아 그 번호를 쓰세요.

69. 海 ____   70. 育 ____

※ 1권에서 배운 한자(50자)를 기준으로 출제되었습니다.

[1~32] 다음 밑줄 친 한자어의 음(音: 소리)을 쓰세요.

<보기>　　漢字 → 한자

1. 아빠는 **邑內**에 가서 비료를 사오셨습니다.

2. 회사 **正門** 입구에서 방문증을 받아야 합니다.

3. 철새 떼가 **南東**쪽 하늘을 날고 있습니다.

4. 주말에 불암산을 **登山**할 예정입니다.

5. **洞口** 밖 느티나무에 새들이 날아와 앉았습니다.

6. 일본은 1592년 우리 **國土**를 침범하였습니다.

7. 오늘이 **立夏**이니 여름이 시작되나 봅니다.

8. 우리는 **教育**을 통해 지식과 지혜를 배웁니다.

9. **外國**에 갈 때는 여권을 반드시 준비해야 합니다.

10. 신병들은 허리를 좌우로 흔들며 큰 소리로 **軍歌**를 불렀습니다.

11. 우리는 세상의 모든 **生命**을 귀하게 여겨야 합니다.

12. 내 방에 **白色**의 벽지를 발라 밝고 환합니다.

13. 지난 일요일에 **西海**의 갯벌에서 맛조개를 잡았습니다.

14. 엄마는 **每事**에 신중하십니다.

15. 우리는 마법의 성이란 노래를 **手話**로 불렀습니다.

16. 우리 양궁 선수들이 모두 10점에 **命中**시켰습니다.

17. **韓國** 핸드볼 선수들은 불굴의 투지를 보였습니다.

18. 한석봉은 아침마다 스승님께 **問安** 인사를 하였습니다.

19. 보름날에는 동네에 **五色** 깃발이 휘날렸습니다.

20. 일에 **先後**가 있듯 코딩을 할 때 순서가 중요합니다.

21. 비가 그치고 나자 **靑天**에 쌍무지개
가 떴습니다.

22. 대기 상태가 좋지 않아 **室外** 활동
을 자제해야 합니다.

23. 오늘은 현도초등학교 45회 **同門**의
날입니다.

24. 자신의 몸을 건강하게 관리하는 것이
孝道의 시작입니다.

25. 이 소설은 17세기 **前後**의 작품입니다.

26. **立冬**이 지나고 정말 추운 겨울이
되었습니다.

27. 요즘은 이른 나이부터 은퇴 계획과
老後 준비를 합니다.

28. 길을 건널 때 **左右**를 잘 살펴야 합
니다.

29. 백두산 천지는 **火山** 활동으로 만들
어졌습니다.

30. 올해 전국적으로 **人口** 조사를 실시
합니다.

31. 조선의 **王室**은 십장생도 병풍으로
무병장수를 기원하였습니다.

32. 아빠와 **植木**일에 매화나무를 심기
로 하였습니다.

[33~34] 다음 밑줄 친 단어의 한자어를 〈보기〉
에서 골라 그 번호를 쓰세요.

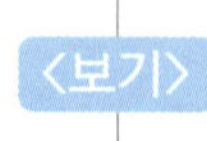

〈보기〉
① 生食　　② 登記
③ 靑年　　④ 語學

33. 그는 마을에서 알아주는 모범 <u>청년</u>
입니다.

34. 물고기나 조개를 <u>생식</u>하면 콜레라에
걸릴 수 있습니다.

[35~54] 다음 한자의 훈(訓: 뜻)과 음(音:소리)
을 쓰세요.

〈보기〉
字 → 글자 자

35. 洞
36. 活
37. 有
38. 漢
39. 便
40. 正
41. 弟
42. 夫
43. 入
44. 足

45. 事

46. 話

47. 兄

48. 前

49. 每

50. 語

51. 面

52. 姓

53. 子

54. 寸

[55~64] 다음 훈(訓: 뜻)과 음(音: 소리)에 맞는 한자를 〈보기〉에서 골라 그 번호를 쓰세요.

55. 기를 육

56. 스스로 자

57. 곧을 직

58. 글월 문

59. 기록할 기

60. 마음 심

61. 길 도

62. 오를 등

63. 편안 안

64. 고을 읍

[65~66] 다음 한자의 상대 또는 반대되는 한자를 〈보기〉에서 골라 그 번호를 쓰세요.

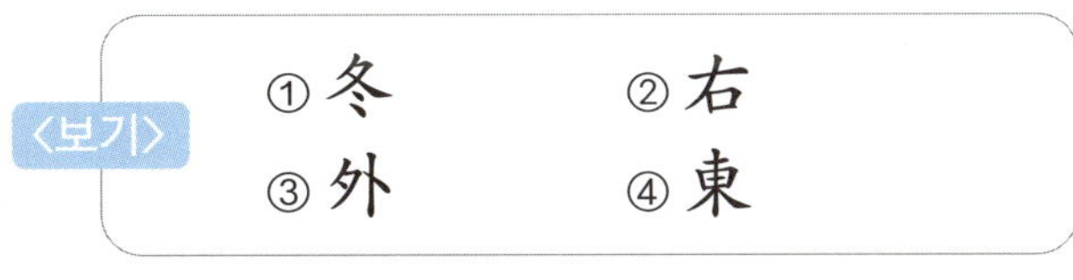

65. 內 ↔ (   )   66. 夏 ↔ (   )

[67~68] 다음 뜻에 맞는 한자어를 〈보기〉에서 찾아 그 번호를 쓰세요.

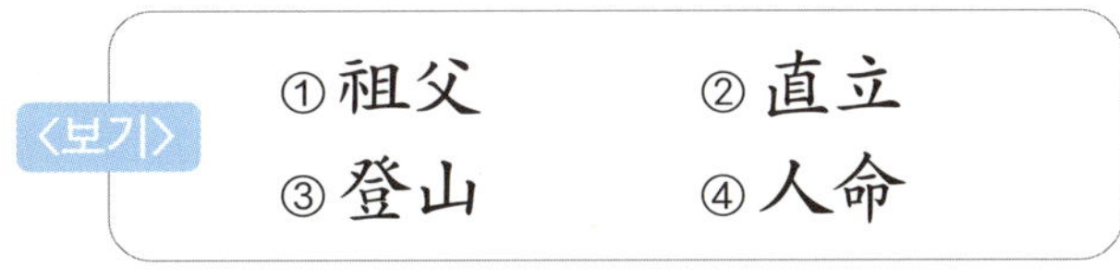

67. 사람의 목숨

68. 할아버지

[69~70] 다음 한자의 진하게 표시한 획은 몇 번째 쓰는지 〈보기〉에서 찾아 그 번호를 쓰세요.

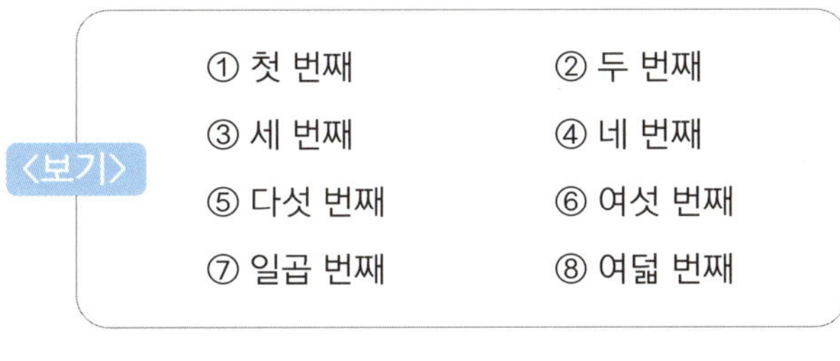

69. 花 ___   70. 夏 ___

06. 01~05과 복습하기

28쪽

❶ 內 ❷ 入 ❸ 色 ❹ 夫 ❺ 立
❻ 便 ❼ 文 ❽ 天 ❾ 花 ❿ 邑

29쪽

1. 화초 2. 실내 3. 자립 4. 천하 5. 농부
6. 편안 7. 오색 8. 입장 9. 고을 읍 10. 설립
11. 글월 문 12. 하늘 천 13. ③ 14. ① 15. ①
16. ② 17. ⑥ 18. ⑧

12. 07~11과 복습하기

46쪽

❶ 字 ❷ 海 ❸ 安 ❹ 祖 ❺ 老
❻ 姓 ❼ 孝 ❽ 漢 ❾ 子 ❿ 每

47쪽

1. 안전 2. 성명 3. 효자 4. 효도 5. 선조
6. 한강 7. 노모 8. 매사 9. 성성 10. 매양 매
11. 효도 효 12. 편안 안 13. ③ 14. ① 15. ③
16. ② 17. ③ 18. ⑤

18. 13~17과 복습하기

64쪽

❶ 同 ❷ 問 ❸ 歌 ❹ 洞 ❺ 話
❻ 命 ❼ 語 ❽ 記 ❾ 活 ❿ 口

65쪽

1. 활동 2. 전화 3. 기사 4. 가수 5. 왕명
6. 동리 7. 생명 8. 동시 9. 입구 10. 말씀 어
11. 기록할 기 12. 물을 문 13. ② 14. ③ 15. ④
16. ② 17. ⑥ 18. ⑪

24. 19~23과 복습하기

82쪽

❶ 食 ❷ 直 ❸ 植 ❹ 育 ❺ 自
❻ 有 ❼ 面 ❽ 心 ❾ 前 ❿ 道

83쪽

1. 정직 2. 교육 3. 도내 4. 간식 5. 식물
6. 자력 7. 전방 8. 유명 9. 낮 면 10. 있을 유
11. 심을 식 12. 스스로 자 13. ① 14. ② 15. ①
16. ② 17. ⑧ 18. ⑦

30. 25~29과 복습하기

100쪽

❶ 左 ❷ 夏 ❸ 事 ❹ 後 ❺ 冬
❻ 正 ❼ 登 ❽ 右 ❾ 足 ❿ 手

101쪽

1. 정답 2. 좌우 3. 후식 4. 등산 5. 부족
6. 사물 7. 입동 8. 수동 9. 발 족 10. 왼 좌
11. 오른 우 12. 겨울 동 13. ② 14. ① 15. ③
16. ④ 17. ④ 18. ⑧

답안지와 바로
비교해 보세요!

01회 모의시험

104~106쪽

1. 등교
2. 외면
3. 식구
4. 자립
5. 인사
6. 기입
7. 식전
8. 매년
9. 문학
10. 직면
11. 안심
12. 생색
13. 생장
14. 편안
15. 정직
16. 읍장
17. 왕도
18. 선조
19. 도립
20. 모교
21. 형부
22. 매월
23. 사전
24. 가수
25. 소식
26. 노모
27. 정립
28. 활자
29. 여왕
30. 국화
31. 교장
32. 연로
33. ③
34. ②
35. 여름 하
36. 서녘 서
37. 꽃 화
38. 겨울 동
39. 심을 식
40. 푸를 청
41. 오를 등
42. 있을 유
43. 왼 좌
44. 가르칠 교
45. 한가지 동
46. 말씀 화
47. 스스로 자
48. 아들 자
49. 쇠 금
50. 오른 우
51. 배울 학
52. 일만 만
53. 목숨 명
54. 효도 효
55. ④
56. ⑥
57. ⑩
58. ①
59. ②
60. ③
61. ⑨
62. ⑤
63. ⑦
64. ⑧
65. ②
66. ①
67. ③
68. ②
69. ⑥
70. ⑤

02회 모의시험

107~109쪽

1. 읍내
2. 정문
3. 남동
4. 등산
5. 동구
6. 국토
7. 입하
8. 교육
9. 외국
10. 군가
11. 생명
12. 백색
13. 서해
14. 매사
15. 수화
16. 명중
17. 한국
18. 문안
19. 오색
20. 선후
21. 청천
22. 실외
23. 동문
24. 효도
25. 전후
26. 입동
27. 노후
28. 좌우
29. 화산
30. 인구
31. 왕실
32. 식목
33. ③
34. ①
35. 골 동
36. 살 활
37. 있을 유
38. 한수 한
39. 편할 편
40. 바를 정
41. 아우 제
42. 지아비 부
43. 들 입
44. 발 족
45. 일 사
46. 말씀 화
47. 형 형
48. 앞 전
49. 매양 매
50. 말씀 어
51. 낯 면
52. 성 성
53. 아들 자
54. 마디 촌
55. ⑥
56. ⑧
57. ⑨
58. ③
59. ①
60. ⑩
61. ②
62. ④
63. ⑤
64. ⑦
65. ③
66. ①
67. ④
68. ①
69. ⑦
70. ⑧

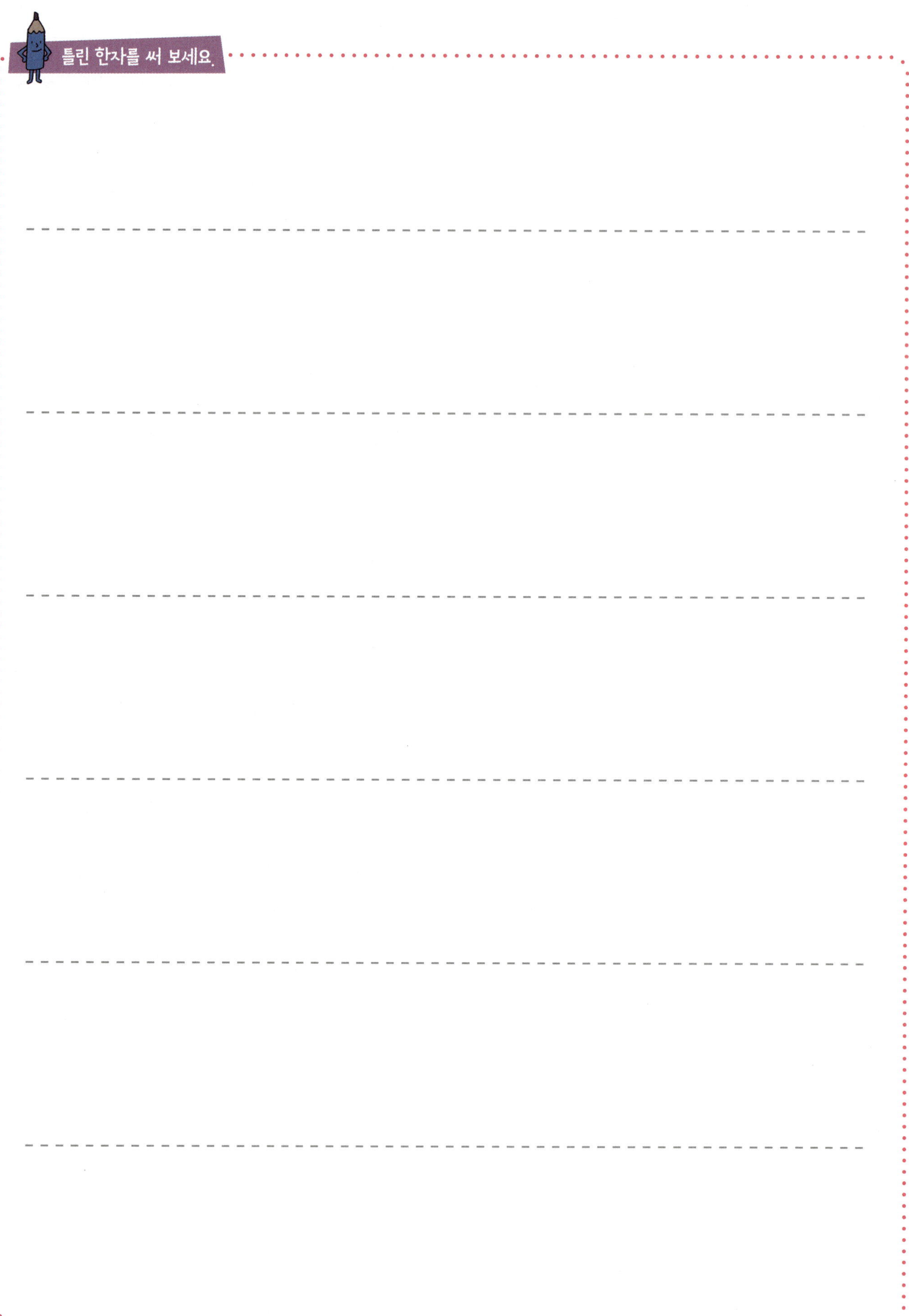

틀린 한자를 써 보세요.

<table>
<tr><td>수험번호</td><td>□□□-□□-□□□□</td><td></td><td>성명</td><td>□□□□□</td></tr>
<tr><td>생년월일</td><td>□□□□□□ ※ 주민등록번호 앞 6자리 숫자를 기입하십시오.</td><td></td><td colspan="2">※ 성명은 한글로 작성
※ 필기구는 검정색 볼펜만 가능</td></tr>
</table>

※ 답안지는 컴퓨터로 처리되므로 구기거나 더럽히지 마시고, 정답 칸 안에만 쓰십시오.
　글씨가 채점란으로 들어오면 오답 처리 됩니다.

01회 모의 한자능력검정시험 7급 답안지(1) (시험 시간: 50분)

답안란		채점란		답안란		채점란		답안란		채점란	
번호	정답	1검	2검	번호	정답	1검	2검	번호	정답	1검	2검
1				12				23			
2				13				24			
3				14				25			
4				15				26			
5				16				27			
6				17				28			
7				18				29			
8				19				30			
9				20				31			
10				21				32			
11				22				33			

감독위원	채점위원(1)		채점위원(2)		채점위원(3)	
(서명)	(득점)	(서명)	(득점)	(서명)	(득점)	(서명)

■　　　　　　　　　　　　　　　　　　　　　　　※ 뒷면으로 이어짐　■

01회 모의 한자능력검정시험 7급 답안지(2)

번호	정답	1검	2검	번호	정답	1검	2검	번호		1검	2검
	답안란	채점란			답안란	채점란			답안란	채점란	
34				47				60			
35				48				61			
36				49				62			
37				50				63			
38				51				64			
39				52				65			
40				53				66			
41				54				67			
42				55				68			
43				56				69			
44				57				70			
45				58							
46				59							

<table>
<tr><td>수험번호 □□□-□□-□□□□</td><td>성명 □□□□□</td></tr>
<tr><td>생년월일 □□□□□□ ※ 주민등록번호 앞 6자리 숫자를 기입하십시오.</td><td>※ 성명은 한글로 작성
※ 필기구는 검정색 볼펜만 가능</td></tr>
</table>

※ 답안지는 컴퓨터로 처리되므로 구기거나 더럽히지 마시고, 정답 칸 안에만 쓰십시오.
  글씨가 채점란으로 들어오면 오답 처리 됩니다.

02회 모의 한자능력검정시험 7급 답안지(1) (시험 시간: 50분)

답안란		채점란		답안란		채점란		답안란		채점란	
번호	정답	1검	2검	번호	정답	1검	2검	번호	정답	1검	2검
1				12				23			
2				13				24			
3				14				25			
4				15				26			
5				16				27			
6				17				28			
7				18				29			
8				19				30			
9				20				31			
10				21				32			
11				22				33			

감독위원	채점위원(1)		채점위원(2)		채점위원(3)	
(서명)	(득점)	(서명)	(득점)	(서명)	(득점)	(서명)

■   ※ 뒷면으로 이어짐 ■

02회 모의 한자능력검정시험 7급 답안지(2)

번호	답안란 정답	채점란 1검	채점란 2검	번호	답안란 정답	채점란 1검	채점란 2검	번호	답안란	채점란 1검	채점란 2검
34				47				60			
35				48				61			
36				49				62			
37				50				63			
38				51				64			
39				52				65			
40				53				66			
41				54				67			
42				55				68			
43				56				69			
44				57				70			
45				58							
46				59							

절취선

바빠 따라 쓰기

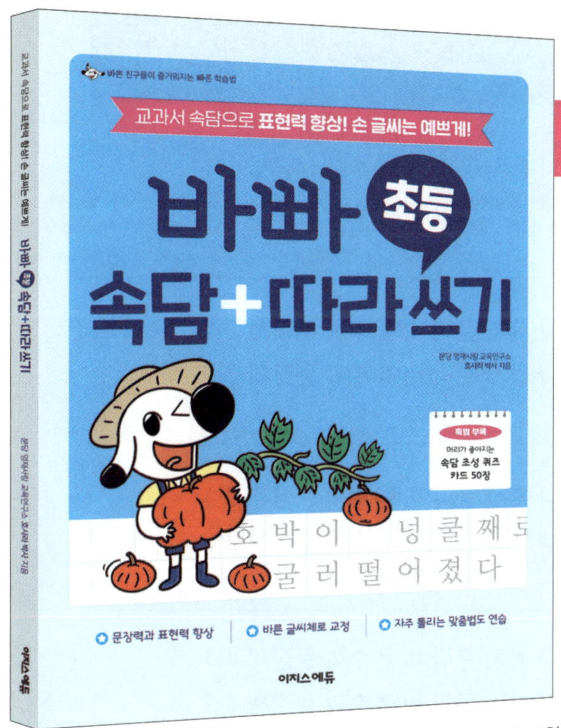

바빠 초등 속담 + 따라 쓰기 | 12,000원

영재 교육학 박사가 만든 속담 책!

교과서 속담으로 표현력 향상! 손 글씨는 예쁘게!

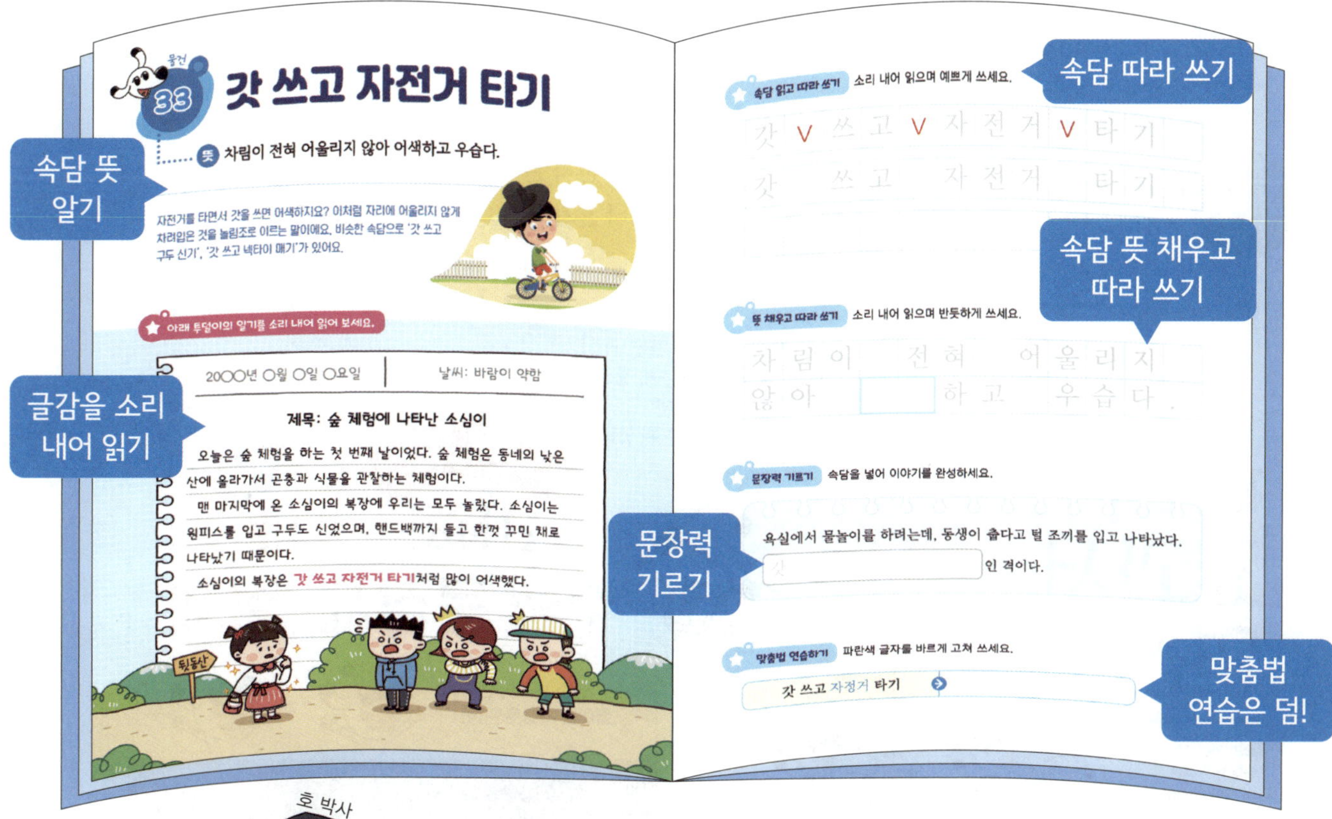

속담 뜻 알기

글감을 소리 내어 읽기

속담 따라 쓰기

속담 뜻 채우고 따라 쓰기

문장력 기르기

맞춤법 연습은 덤!

호 박사 바빠 초등 **사자성어+따라 쓰기**와 **관용어+따라 쓰기**도 있어요!

바빠 시리즈 초등 학년별 추천 도서

학년	학기별 연산책 바빠 교과서 연산 학기 중, 선행용으로 추천!	나 혼자 푼다 바빠 수학 문장제 학교 시험 서술형 완벽 대비!
1학년	·바빠 교과서 연산 1-1 ·바빠 교과서 연산 1-2	·나 혼자 푼다 바빠 수학 문장제 1-1 ·나 혼자 푼다 바빠 수학 문장제 1-2
2학년	·바빠 교과서 연산 2-1 ·바빠 교과서 연산 2-2	·나 혼자 푼다 바빠 수학 문장제 2-1 ·나 혼자 푼다 바빠 수학 문장제 2-2
3학년	·바빠 교과서 연산 3-1 ·바빠 교과서 연산 3-2	·나 혼자 푼다 바빠 수학 문장제 3-1 ·나 혼자 푼다 바빠 수학 문장제 3-2
4학년	·바빠 교과서 연산 4-1 ·바빠 교과서 연산 4-2	·나 혼자 푼다 바빠 수학 문장제 4-1 ·나 혼자 푼다 바빠 수학 문장제 4-2
5학년	·바빠 교과서 연산 5-1 ·바빠 교과서 연산 5-2	·나 혼자 푼다 바빠 수학 문장제 5-1 ·나 혼자 푼다 바빠 수학 문장제 5-2
6학년	·바빠 교과서 연산 6-1 ·바빠 교과서 연산 6-2	·나 혼자 푼다 바빠 수학 문장제 6-1 ·나 혼자 푼다 바빠 수학 문장제 6-2

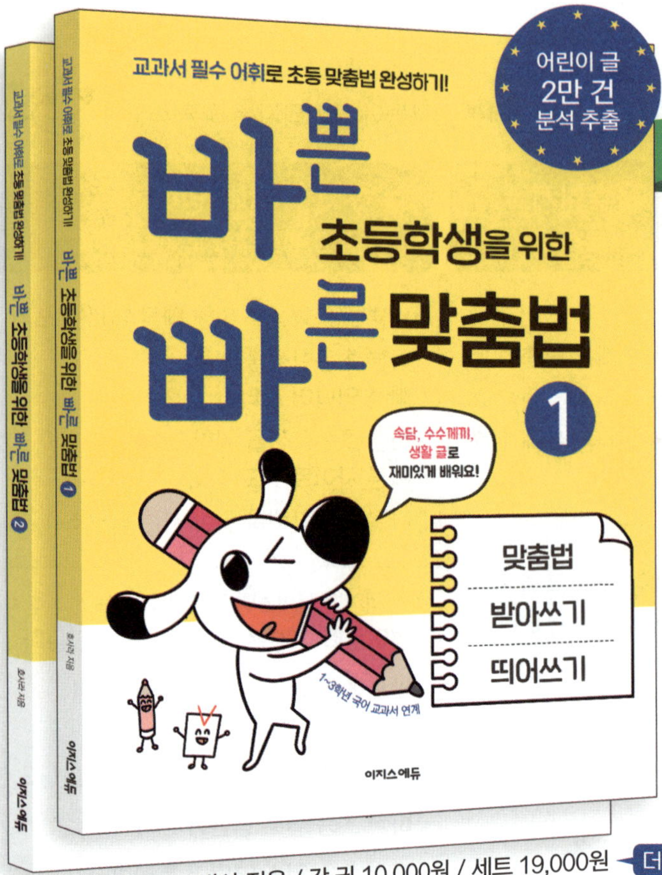

교과서 필수 어휘로 초등 맞춤법 완성하기!

바쁜 초등학생을 위한 빠른 맞춤법 1

어린이 글 **2만 건** 분석 추출

속담, 수수께끼, 생활 글로 재미있게 배워요!

맞춤법
받아쓰기
띄어쓰기

1~3학년 국어 교과서 연계

이지스에듀

호사라 박사 지음 / 각 권 10,000원 / 세트 19,000원 **더 경제적!**

맞춤법, 받아쓰기, 띄어쓰기를 한 번에!

교과서 필수 어휘로 초등 맞춤법 완성!

---

02 알쏭달쏭 수수께끼 2

속담, 수수께끼, 생활 글로 재미있게!

다음 글을 큰 소리로 두 번씩 읽어 보세요.

읽기 한번 두번

- 막대 끝에 가는 털이 많이 난 것은? — 칫솔
- 땀을 흘리면 몸집이 작아지는 것은? — 얼음
- 바닥은 바닥인데 움직이는 바닥은? — 발바닥
- 불은 불인데 뜨겁지 않은 불은? — 이불
- 사람들이 맞고 싶어 하는 벼락¹⁾은? — 돈벼락

1) 벼락: 땅에 떨어지는 번개

소리가 달라서 틀리는 실수 해결!

소리 나는 대로 쓰지 않는 말 읽고 쓰기

낱말	읽기	화색
막대	[막때]	막대
몸집	[몸찜]	몸집
발바닥	[발빠닥]	발바닥
뜨겁지	[뜨겁찌]	뜨겁지
돈벼락	[돈ː뼈락]	돈벼락

※ 칫솔 → [치쏠/칟쏠], 맞고 → [맏꼬]로 소리 나요.

잘 틀리는 받침과 모음 실수 해결!

잘 틀리는 낱말 연습하기

1. 막대 [ ] 에 가는 털이 많이 난 것은? — 꼿 / 끝
2. 땀을 흘리면 몸집이 작아지는 [ ] 은? — 것 / 걷
3. 바닥은 바닥인 [ ] 움직이는 바닥은? — 대 / 데
4. 불은 불인데 뜨겁지 [ ] 은 불은? — 않 / 안
5. 사람들이 [ ] 고 싶어 하는 벼락은? — 맏 / 맞
6. 막대 끝에 가는 털이 많 [ ] 난 것은? — 이 / 히

헷갈리는 띄어쓰기 실수 해결!

헷갈리는 띄어쓰기 연습하기

- 막대 끝에 가는 → 막대 끝 [ ]
- 몸집이 작아지는 → 몸 [ ]
- 불은 불인데 → 불 [ ]

호 박사

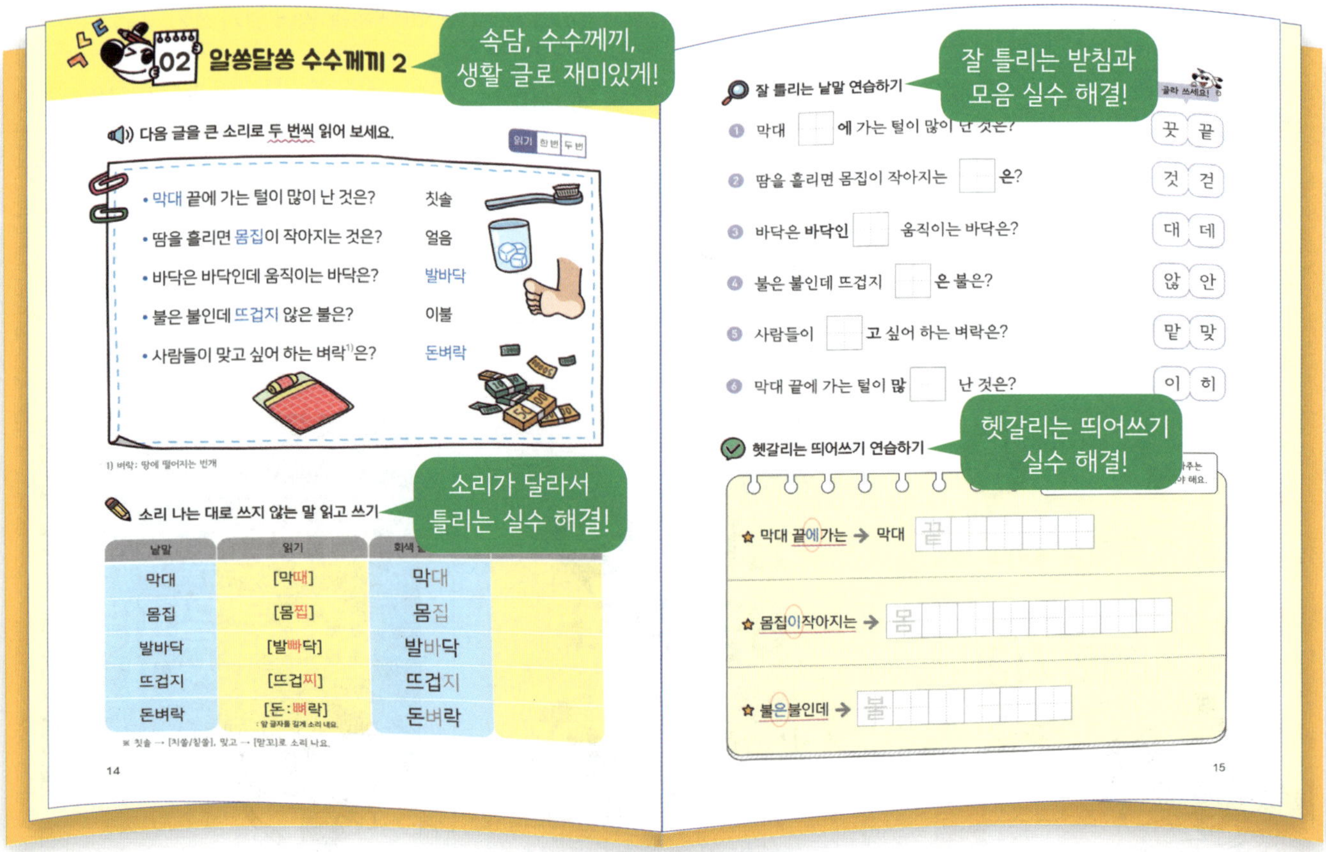

분당 영재사랑 교육연구소에서 지도한 아이들의 **문법 습득 과정**을 반영해 **과학적으로 설계**했어요!

7급 그림 한자 카드

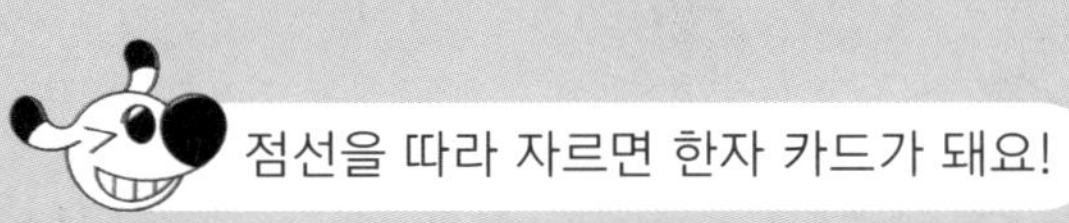

점선을 따라 자르면 한자 카드가 돼요!

入	內	天
夫	立	文
花	便	邑
色	子	字

하늘 천

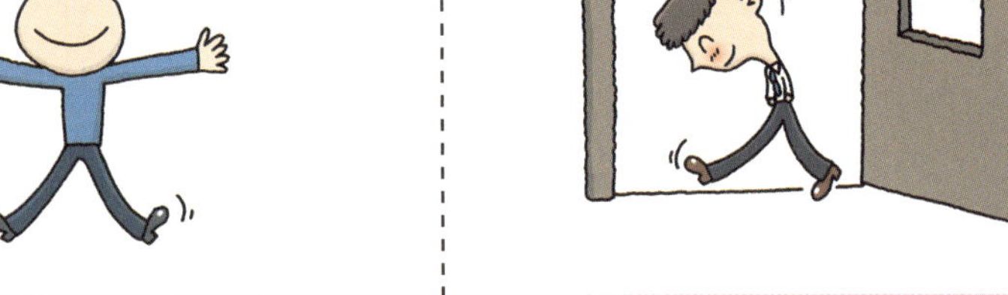

안 내

들 입

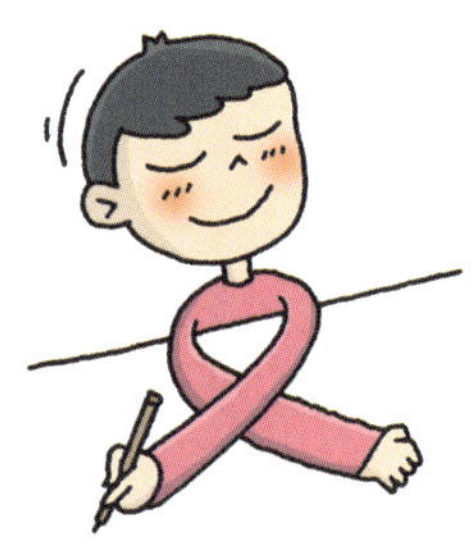

글월 문

설 립

지아비 부

고을 읍

편할 편

꽃 화

글자 자

아들 자

빛 색

老	孝	安
姓	每	海
祖	漢	口
問	命	歌
周	洞	活

편안 **안**

효도 **효**

늙을 **로**

바다 **해**

매양 **매**

성 **성**

입 **구**

한수 **한**

할아비 **조**

노래 **가**

목숨 **명**

물을 **문**

살 **활**

골 **동**

한가지 **동**

話	語	記
直	植	自
面	道	前
有	育	心
食	左	右

기록할 **기**

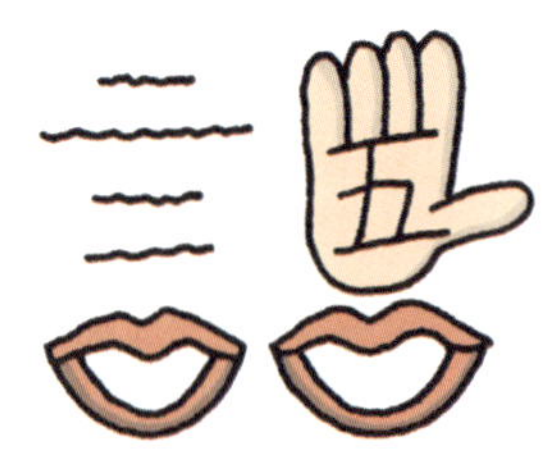

말씀 **어**

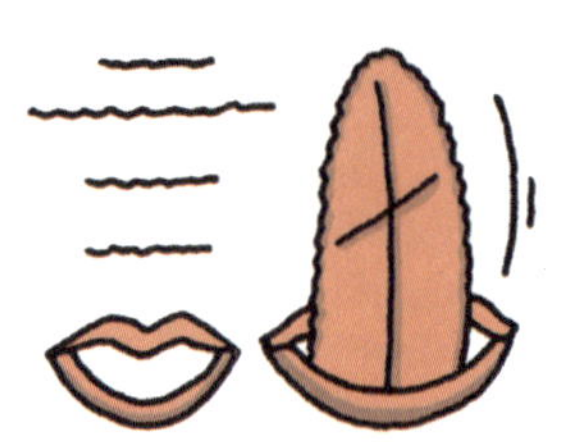

말씀 **화**

스스로 **자**

심을 **식**

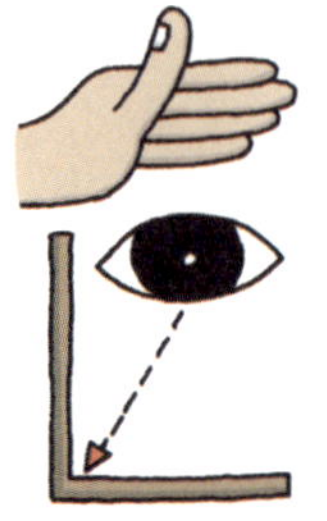

곧을 **직**

앞 **전**

길 **도**

낯 **면**

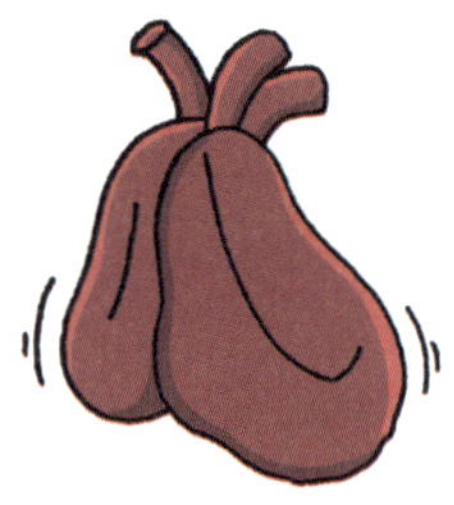

마음 **심**

기를 **육**

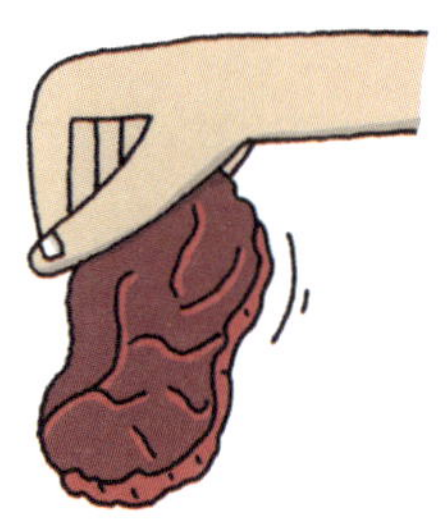

있을 **유**

오른 **우**

왼 **좌**

먹을 **식**

手 事 正

足 登 後

夏 冬 

하나

한자를 보고 훈음을 알아맞히거나, 훈음을 보고 한자를 맞혀 보세요.

둘

한자 카드를 바닥에 펼쳐 놓고 다른 사람이 불러 주는 한자를 빨리 찾는 놀이를 해 보세요. 친구들과 누가 먼저 찾는지 내기를 하면 더 재미있어요.

셋

한자가 적힌 앞면이 보이도록 카드를 펼쳐 놓으세요. 가위바위보를 하여 이긴 사람이 카드를 골라 훈음을 말하고, 정답을 맞히면 카드를 가져갑니다. 한자 카드를 많이 가진 사람이 승리!

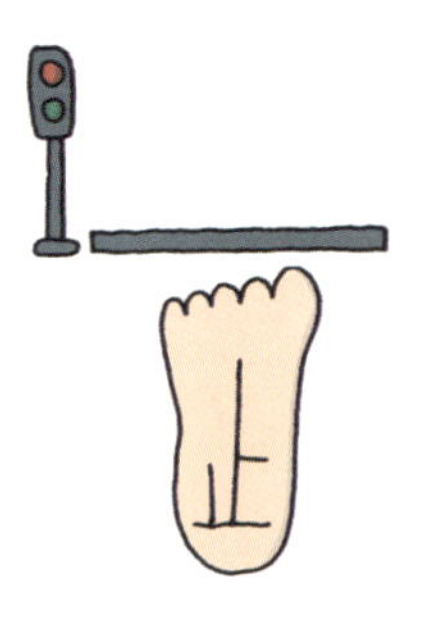

바를 **정**

일 **사**

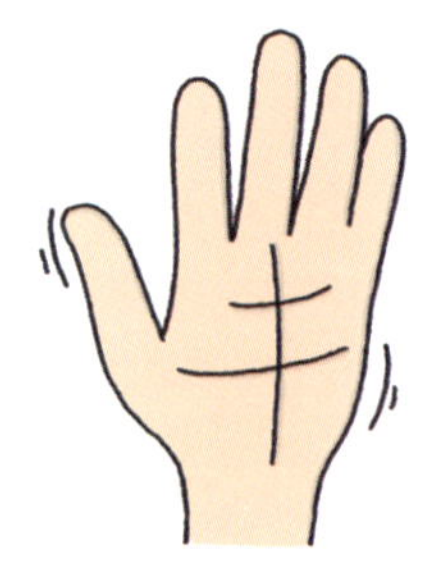

손 **수**

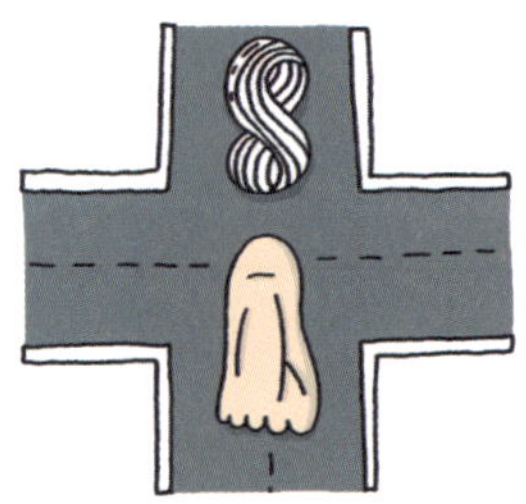

뒤 **후**

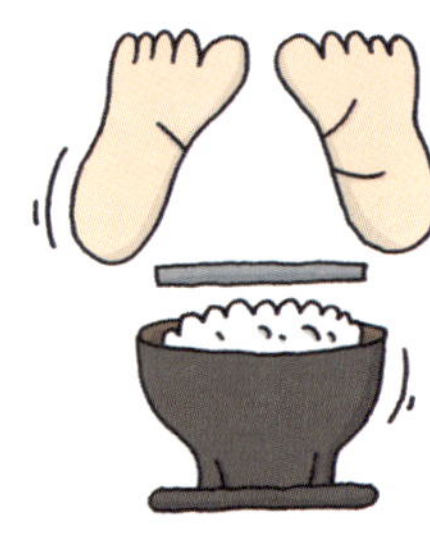

오를 **등**

발 **족**

겨울 **동**

여름 **하**

바빠 초등 7급 한자 1권